微信创富

梁辉财 著

前言　一切从澳门人才网开始

你好！我是澳门人才网创始人梁辉财，首先，感谢您对本书的支持。

我喜欢别人叫我梁老师，我希望下半辈子都投身教育事业。

以前我一直想写一本关于互联网创业的书，但一直没有落笔，因为我一直在寻找恰如其分的切入点，现在，懂得微信已经算是懂得半个互联网了，于是，我就写下了这本书。

我希望通过这本书帮助想在互联网领域创业的人，特别是想通过微信创业的朋友。在这本书中，我分享了我这几年通过微信怎么建立关系圈，建立与客户的信任，如何去众筹我的教育中心和香港美食广场的故事……具体的细节，在这本书里面都会有详细的讲解，希望能够对广大的读者有所帮助。在这里，我先谢谢大家的支持。

可以说，我事业的起步是创立澳门人才网，如果没有这个网站，也许今天的一切都不会发生。如今，澳门人才网已经跨过十个年头。很多人都问我当初为什么要做澳门人才网，其实在当时，我并没有太多的想法，从2002年到2006年，我在汕头读大学，期间的2004年，我去了一家汕头的网络招聘公司实习，那时候招聘网在内地刚刚开始发展，但是在澳门还没有招聘网站，因此当时我萌生了做澳门人才网的念头。

2003年非典期间，全国经济比较低迷，澳门政府宣布开放赌权。现在回想起我为什么会成功，其实天时也很关键，所谓"天时"就是政府的政策。2006年，澳门赌权开放以后，金沙赌场马上就落成了，为澳门的配套企业注入新鲜血液，市场马上就被激活了，企业用人需求倍增，很多公司都愿意尝试用新的招聘方法，就在这个时候，我创办的这个网络招聘平台就得以顺势发展起来了。2008年，几家公司有意愿来收购我们，最后我们选择了Links international。

然而，从2008年到2010年，该公司只为澳门人才网赚了100万元，我觉得这个赚钱的速度实在太慢了，就一直想找到更快的方法，去赚更多的钱。我在网上疯狂地搜索，看看有没有与互联网相关的一些课程。从那儿之后，我在香港、内地的很多地方报了很多课程，并开始去学习。

我觉得如果要再次成功，即从100万赚到1000万，单凭自己一个人的力量是很辛苦的。如果我去帮助100个人，让这100个人每人赚100万，然后分给我十分之一，那就是1000万。所以我从2011年开始就有了做导师这个念头，曾经有个导师跟我说：你的成功是因为很多人想要分享你的成功。

2011年，我开始做导师，我在大学里是学电子商务的，所以我就用与互联网相关的知识，开发了一些课程。微信出现后，我又去研究微信。在澳门，我是第一个开设微信课程的导师，通过这几年的学习、总结，我掌握了一些微信的实操技巧与理论，现在我就把这些我认为的"干货"分享给各位读者，希望这点经验，可以让你变得更加成功。

推荐序一　成功总有关系

我创业20年，遇到无数失败的经历。回想早期经营的生意，只靠自己单打独斗，遇到很多困难，包括资源短缺、资金周转不顺、人才缺乏等，即便我有三头六臂，也未能达到创业、创富的目标。

6年前，我将展览业务拓展到澳门，认识了梁辉财先生。因为他的启发，我对"资源整合"这一概念有了新的认识。今天，我成功创办了美食广场连锁集团"7号美食共和国"。

"7号美食共和国"的创办得到了梁辉财先生的鼎力支持，他在14天内运用他的"微信资源"，帮助我成功融资到300万元的启动资金。我们的目标是使"7号美食共和国"3年后成为首家在香港上市的美食广场连锁品牌，创造属于我们港澳商人的传奇。

如果你也想通过微信获得成功，就来读一读这本《微信创富》。

7号美食共和国、香港优质商号协会创办人　张维乐
2016年10月12日

推荐序二　亦师亦友，一路同行

子曰："三人行，必有我师焉。"如果你身边能有一位亦师亦友的人，他能陪伴你成长，也能和你一起接受生活的历练，那么你是非常幸运的人。我很幸运，我身边出现了一位亦师亦友的人，他就是梁辉财先生。

我第一次接触"微信营销"这个词，是因为梁辉财先生。当时，我参加了他关于"微信营销"的课程。在课堂上，梁辉财先生分享了微信营销的成功案例、技巧和教程等，还告诉我如何利用微信来增强企业实力，寻找新客户、留住老顾客等，我因此受益匪浅。

渐渐地，我和梁辉财先生成为朋友。当然，他一直是值得我学习的老师。

很高兴在我事业发展时期，有一个亦师亦友的人带着我大步前进。因此，我向大家推荐这本《微信创富》。

麦兴业大律师楼大律师　麦兴业

2016年11月2日

自序　我是 TERRY SIR！

我是Terry Sir！

我叫梁辉财，又名梁日升，大家都习惯称我Terry Sir，我是澳门人才网创始人、澳门电子商务有限公司总经理、澳门企业联盟协会创会会长、澳门电脑学会理事。

Terry Sir在大学时代就开始创业，2005年，Terry Sir创办了澳门人才网，成为澳门最大的求职招聘网站，为澳门企业和内地人士搭建了一座求职招聘的桥梁。

伴随着互联网电子商务的快速发展，Terry Sir又与时俱进，成立了澳门电子商务有限公司，专注于网络营销和网络推广，在网络营销和网络推广方面成绩斐然。

Terry Sir还热心社团工作，Terry Sir是澳门企业联盟协会创会会长及澳门电脑学会理事，因此经常为两岸三地IT行业和创业青年的交流发展出谋划策，可谓尽心尽力。

Terry Sir是一个年轻有为的人，走近Terry Sir的内心世界，你会发现

Terry Sir的人生是那么的精彩!

立足于网络

1982年,Terry Sir出生于广东肇庆,10岁那年,随父母来到澳门,在肇庆和澳门的不同环境和文化的熏陶下,Terry Sir的成长经历非常丰富,而且视野开阔,这些为Terry Sir后来的事业奠定了基础。

2002年,Terry Sir考入了汕头大学,在汕头大学商学院学习电子商务专业。汕头大学是香港的李嘉诚基金会资助建立的,20多年来,学校以"立足粤东、服务全省、面向全国、走向全世界"作为自身定位,把培养创新人才及国际领军人物作为教育目标,并逐渐发展成为一所具有特色的国际化的现代化综合大学。

汕头大学一直与香港以及国际学术界有着密切的联系。近年来,汕头大学邀请了不少国际知名的学者来校讲学,像杨振宁、李政道等一批著名学者、科学家都被聘为汕头大学的名誉、客座或兼职教授。这些著名学者和科学家为汕头大学带去了最前沿的资讯和理念,Terry Sir因此大开眼界。

在汕头大学学习期间,父母一直不在身边,这使Terry Sir变得自立自强。经过长时间的努力学习,Terry Sir养成知难而进、锐意进取、坚韧不拔的精神品质。

汕头大学为Terry Sir提供了优越的学习和创业条件。Terry Sir曾经这样评价汕头大学:"这里的设备先进,网络发达,尤其是校园网的发达,为我们电子商务这个专业提供了一个良好的环境,所以我选择了汕头大学。另外,我觉得商学院的一个特点,就是双语教学,用英语讲课,师生之间都用英语交流，为我提供了一个学习英语的好环境。"

平时除了按时完成学业，Terry Sir和同学还利用课余时间一起创办了一个网站。还在校园网上开了一家网上精品店，并能够取得每月200多元的收入。虽然每月200多元的收入不算多，但在这个过程中，Terry Sir学会了如何管理网站。通过一边学习，一边实践，Terry Sir积累了宝贵的经验。

Terry Sir认为，财富的价值就是让自己有能力做自己想做的事情。Terry Sir希望有一天能靠自己的打拼成就一番事业，做自己喜欢做的事情。所以，Terry Sir选择了经商。好强的个性和执着的追求，使Terry Sir踏上了艰难的创业之路。

胜在不舍拼搏

在商海拼搏，要有大胆去闯的勇气，只有在不断的尝试中，才会获得意想不到的机遇。一个人如果在站台上踟蹰不前，不敢搭上新的列车，就永远无法成为下一站的先行者。

2005年，内地和香港的互联网企业蓬勃发展，人才招聘网站如雨后春笋般涌现。当时，澳门在这方面相对滞后，尤其在人才招聘网站方面更是一片空白。经过认真的考察和分析后，2005年8月，Terry Sir成立了澳门首个人才招聘网站，这是一个为澳门本土居民而设立的求职招聘网站。

Terry Sir认为，一个人的人生之路，一定是靠自己走出来的。相比其他人，Terry Sir是一个不太安分的人。既然内心是不安分的，Terry Sir就喜欢跟随自己的想法，闯出一片属于自己的蓝天，改变自己的人生。

创新意味着风险。一个创新者如果走在市场的前面，可能成为先锋，也很有可能成为先烈。但是，商场如战场，一家企业如果缺乏创新的精神和勇气，迟早会在市场经济的大潮中被无情淘汰。

秉承着创新和对客户高度负责的精神，我带领团队经过默默的顽强拼搏后，在澳门这个近60万人口的特别行政区，闯出了一片天地。

澳门人才网开办之初的求职者不足千人，发展到如今，求职者已经达到近14万，拥有了澳门最庞大的求职者数据库。澳门人才网帮助过的企业超过5000家，为企业客户提供了一个便捷有效的招聘平台。从人才搜索、筛选到安排面试，澳门人才网为广大企业提供了一站式服务，使复杂繁琐的招聘过程变得简单方便。

根据谷歌及Alexa对一些独立网站的研究资料显示，澳门人才网是澳门地区前100名之内的网站，是澳门目前网络使用率最高、用户忠诚度最高的求职招聘网站。浓厚的本地元素，配合高效的服务，是澳门人才网吸引求职者的主要原因。

澳门人才网与著名的国际人力资源公司、澳门最大的网上论坛建立了长期合作伙伴关系。包括澳门彩票、澳门博彩、澳门赛马会、康乐福、中国银行、六福珠宝、AIA、澳门麦当劳、中原地产、莎莎等国内、国际知名公司全是澳门人才网的客户。

企业客户在交完月费后，就可以无限制地在网站上发布招聘信息。假如企业暂时没有招聘到合适的人才，也不用担心，利用澳门人才网的人才库和检索功能，可以方便地寻找到合适的人才。而且，澳门人才网还与猎头公司合作，向企业客户提供高端人才资源，以满足客户的多种需求。

毋庸置疑，Terry Sir的澳门人才网是成功的，网站带来了丰厚的回报。当然，在成功背后，Terry Sir 也付出极大的心血。让人感到可贵的是，Terry Sir 并没有满足于此，Terry Sir 说："墨守成规、故步自封是无法成功的，只有与时俱进才能掌握未来。"

伴随着互联网电子商务的快速发展，Terry Sir 成立了澳门电子商务有限公司，从事网络营销和网络推广工作，并且取得了优异的成绩。

在谈到互联网电子商务时，Terry Sir 认为："电子商务会给企业带来更多的机会，但只有帮助别人挣钱，自己才会有机会挣到钱。"

Terry Sir 并不吝啬向别人介绍自己的经验："在做品类扩展时，要考虑不同纬度：一是顾客群需要什么；二是哪一类产品，可以找到比较好的供应商；三是产品的价格低、质量好。这三条要坚持，最终要看顾客是否认同，供应商、供应链是否支持。"

面对越做越大的互联网事业，Terry Sir 说出了自己的愿望："必须利用互联网向世界传达公司的文化、价值体系，但不是宣传，而是与人们分享。"

Terry Sir 通过互联网取得了优异的成绩，但 Terry Sir 的团队只有十余人，可以说，在团体建设方面，Terry Sir 做到了高效。在团队的管理上，Terry Sir 比较注重为员工营造轻松的工作环境。在人员的选择上，Terry Sir 更倾向于招聘那些没有工作经验的年轻人。Terry Sir 认为，由于互联网行业是新兴行业，通过公司的培训，缺乏工作经验的员工容易掌握工作技能，并对公司产生归属感，这样的话，企业团队会更加稳定、长久。

倾情服务社会

澳门素有"社团社会"之称，积极参与社会事务、回馈社会也是澳门人的优良传统。为改善澳门青年的创业环境，Terry Sir与其他同仁一起组织了澳门企业联盟协会。Terry Sir认为，青年是澳门的未来，是澳门能够在未来继续追赶潮流的关键，也是提升澳门的国际地位、促进澳门社会和谐发展的关键。

2011年5月，在澳门创新科技中心的支持下，澳门企业联盟协会举办了首场澳门互联网秘密行销工作坊，内容以总结、分享自己的成功经历为主，目的是帮助那些想要创造财富的人，使他们能更轻松地创造财富。

除此之外，Terry Sir还代表澳门电脑学会，带领中学生分别到无锡、北京、徐州、济南、南昌等地参加信息技术创新与实践活动。

在澳门人才网取得优异的成绩后，Terry Sir还协助不少青年志士创立澳门单身俱乐部、澳门房产网、澳门补习网、澳门交友网等网站，通过为青年志士们提供专业的技术顾问，Terry Sir也促进了澳门IT行业的多元化发展。

为了提升澳门大学生的网络技能水平，Terry Sir还创立澳门人才网教育中心，积极帮助刚刚毕业的大学生自主创业，并为他们提供终身辅导。其品牌课程有互联网行销培训、"脸书"行销培训、微信营销培训、互联网顶层设计、商业思维导图、编写创业计划书、单页网站制作培训等。

2013年，微博注册用户超过5亿，微信注册用户超过4亿，这两个移动APP独占中国移动互联网95%以上的终端客户。当下是移动互联网时代，但很多人不知道微信营销的重要性。Terry Sir率先研究微信营销，然后向企业家们分享最新的微信营销秘诀，这就是本书的主要内容。

没有人可以随便成功，Terry Sir不畏艰辛，不惧风险，敢于超越，勇于攀登，最终用信心和毅力在澳门互联网行业中开拓出一片自己的天地。

而且，Terry Sir的家庭非常幸福和谐，Terry Sir有一个温柔贤惠的太太和一双儿女，在繁忙的工作之余，会抽时间与家人一起度过快乐时光。除此之外，不断学习、更新知识也是Terry Sir生活中不可缺少的部分。Terry Sir认为能够抛开工作和应酬，静下心学习新知识，是一种幸福。人活着应珍惜光阴，善待人生，淡泊名利，充实过好每一天。

千里之行，始于足下。Terry Sir对事业的追求从未止步，Terry Sir的拼搏精神让人敬佩。Terry Sir要求自己每三个月就外出学习一次，他坚信墨守成规、故步自封无法成功，只有与时俱进才能掌握未来，像一头辛勤耕耘的拓荒牛，在澳门互联网的热土上奋力开拓，高歌前行，他期待在这片土地上续写新的传奇！

Terry Sir
2016年11月2日

目 录

个人篇

别再错过移动互联网：微信 /2

微信营销核心："量" /12

如何快速打造 5000 人的微信好友 /28

成交都基于信任 /53

团队篇

代理体系 /62

如何打造微商团队 /66

团队经营朋友圈 /71

微商讲课技术 /77

案例篇

如何利用微信精准营销成为行业第一 /82
如何利用逆向思维批量成交客户 /85
如何在朋友圈晒恩爱成交女粉丝 /90
如何利用红包参与法激活朋友圈 /92
如何利用赠送策略进行融资 /95

圈子篇

未来是圈子时代 /98
建立好自己的圈子：澳门微商会 /100
一星期内众筹 100 万元：敏思培训中心 /107
两星期内众筹 300 万元：七号美食广场 /114
附录："七号美食广场"商业计划书 /116
发展你的粉丝：弟子圈 /131

目录

内地微信创富经典案例

二维码营销 /136

漂流瓶营销 /142

朋友圈营销 /146

微信公共平台 /152

微信会员卡 /159

后记 /164

个人篇

别再错过移动互联网：微信

微信营销核心："量"

让你快速打造5000人的微信好友

成交都基于信任

别再错过移动互联网：微信

移动互联网是现今的趋势之一，这是一个难以逆转的潮流，移动互联网的普及让我们的世界在这几年时间内发生了巨变，而微信就是这次巨变的先导之一。

微信的操作非常简易，你可以在朋友圈发信息、照片、视频、转发信息，在微信群发红包、开群组及群发等。因此，我们可以通过微信打造个人形象，推广个人品牌以及成为移动传播媒介，令自己成为朋友圈内的"红人"。如果我们想获得财富，就必须把握好微信这个工具，经营好我们的个人微信账号。

以前，我们是纯买家，但今天，我们可以通过微信成为拥有产品经营权的经销商。而且，我们都知道，微信钱包的兴起，让我们免去了交易支付的烦恼。

所以，我认为在未来3～5年的时间内，"微商＋快递服务"会形成一种新的商业组合，把大部分只做线下的商铺击垮！我坚定地认为，未来的产品销售主要发生在微社群内（群员互信、有价值的微信群组等）！

我认为，未来的营销，不需要太多的渠道，只要让你的产品显示在消费者的手机中，就是最好的营销。

我们都知道，以前"PC时代"是怎么赚钱的，在淘宝上开设一个店铺，打造出一款爆品，市场需求量就会很大，就可以获得高额利润。

但是，在移动电商的时代，情况就完全不同了，因为淘宝不再是移动电商平台的代表，微信才是移动电商平台的代表。

微信是一个闭环交流的系统，只有互相都加为微信好友才可以在朋友圈看到双方的评论或点赞。

那么，在闭环的系统该怎么做营销呢？通俗地说，就是设计不同的产品，去赚同一群人的钱，也就是说我们需要每过一段时间就要开发一款新产品。现在，微商们都不会单单只做一种产品，而是会做几种不同的产品，然后去卖给同一群人，这是重点，大家一开始就要弄清楚。

接下来，我介绍一下除微信以外的一些聊天软件，增强大家对微信的了解。

微信是2011年出现的，但是在2009年，国外已经有一个名为WhatsApp的软件。使用WhatsApp需要用手机号码注册，在注册的时候，输入手机号码，并接受一条验证短信，然后 WhatsApp 会自动搜索你手机联系人中已经在使用 WhatsApp 的人，并把他们自动添加到你的好友名单里。

除此之外，还有以下几款软件：

Kakao Talk：韩国有一款免费聊天软件叫 Kakao Talk，现在腾讯公司已经入股，成为 Kakao Talk 的最大股东。这也是一款类似于微信的聊天软件。当你的手机安装这款聊天软件后，如果你的手机通讯录里的朋友也在使用

WhatsApp 登录页面

Kakao Talk 的话，这些人会自动出现在你的 Kakao Talk 的联系人名单里。利用 Kakao Talk 可以在亲友和同事间快速收发信息、图片、视频以及语音对讲。和国内的 QQ 一样，即使好友不在线，对方也能接收你的 Kakao Talk 消息，就跟发短信一样。

Line：日本有一个叫 Line 的聊天软件，是由韩国互联网集团 NHN 的日本子公司 NHN Japan 推出的。Line 是一款起步较晚的通讯应用软件，因为

Kakao Talk 软件

它在 2011 年 6 月才正式推向市场。现如今，Line 的全球注册用户已经超过 4 亿。Line 的"聊天表情贴图"功能对用户产生了巨大的吸引力，超过 250 种的表情贴图让用户在使用 Line 时多了一种有趣的表达心情的方式。其中，由

Line官方设计的馒头人、可妮兔、布朗熊和詹姆士等四款卡通形象广受好评。Line的特点是用户可以随时随地免费享用无限制的通话和短信服务。

Viber：美国有一款叫Viber的软件，用户用其手机号进行注册（免费），这款软件会读取用户手机上原本的通讯录列表，如果你通讯录上的朋友已经

Line软件登录界面

Viber 软件登录界面

注册过 Viber，它就会自动识别并标识出来，这样你和朋友之间就能通过网络免费拨打电话或发送短信。

我之所以介绍这些软件，一是为了让大家更加了解微信，知道国外也有一些类似微信的聊天软件，二是告诉大家如果要开发国外的市场，建议用一下以上的聊天软件。

回到国内，我们大多数人都知道微信。我再介绍一下微信的历史，微信

(Wechat)是腾讯公司于 2011 年 1 月 21 日推出的一个为智能手机终端提供即时通讯服务的免费应用程序。截至 2015 年第一季度,微信已经覆盖国内 90%以上的智能手机,每月活跃用户达到 5.49 亿。

此外,在微信平台上,各品牌的微信公众账号总数已经超过 800 万个,移动应用对接数量超过 8.5 万个,微信支付用户则达到了 4 亿人左右。

微信用户可以通过"摇一摇"、"搜索号码"、"附近的人"、"扫二维码"

微信软件登录界面

等方式添加好友和关注微信公众平台。

查看微信已成为人们生活的重要部分。有数据统计，25%的微信用户每天打开微信超过30次，55.2%的微信用户每天打开微信超过10次。

除了微信，值得我们关注的还有一款软件，叫易信。我在讲课的时候，发现很多人都没有听过。易信是由网易公司和中国电信集团联合开发的。易信是一款能够免费聊天的即时通讯软件，支持跨通信运营商、跨手机操作系

易信软件登录界面

统平台，可以通过手机通讯录向联系人免费拨打电话以及发送免费短信，向手机或固定电话发送电话留言，同时，易信也可以向好友联系人发送语音、视频、图片、表情和文字等。此外，用户还可以在易信"朋友圈"上记录生活，上传文字、图片，与好友们分享自己的近况。

陌陌软件登录界面

来往软件登录界面

阿里巴巴集团为了与腾讯竞争，曾经也开发了一款名叫"来往"的聊天软件，不过这款软件并没有成功。但是，阿里巴巴入股了另一款通讯软件陌陌。对于陌陌，我相信很多人都知道。陌陌是一款基于地理位置的移动社交工具，其用户可以通过陌陌认识附近的人，并免费发送文字消息、语音、照片，与陌生人进行交流，以及创建"兴趣小组"或加入附近的"兴趣小组"。

微信营销核心:"量"

微信营销最关键的是什么?答案只有一个字,那就是"量"。

我们已经知道,如果你有对方的手机号码就可以加对方为微信好友,所以,只要你把大量的手机号码导进你的手机,那也就意味着你能找出很多的微信用户。在下一章里我会跟大家详细地讲解如何导入这一过程,以及具体的造"量"的方法。这里我们先来了解,为什么"量"是微信营销的关键。

当你的粉丝超过 100 人时,你就像是一本内刊;

当你的粉丝超过 1000 人时,你就像个布告栏;

当你的粉丝超过 1 万人时,你就好比一本杂志;

当你的粉丝超过 10 万人时，你就是一份都市报；

当你的粉丝超过 1000 万人时，你就成了一家电视台。

如果做微商，你要问一下自己，你有多少个微信好友。

如果你只有一个微信，那么你最多只能有 5000 个微信好友，因为微信好友数的上限就是 5000 人。

当然，首先你需要使得你的微信好友达到 5000 人。如果你的微信好友达到了 5000 人，你可以考虑运营微信公众账号。

微信公众账号是什么呢？我知道有一部分人可能不知道。微信公众账号主要是面向个人、政府、媒体、企业等推出合作推广业务，它可以将你的品牌推广至上亿的微信用户，提高品牌知名度，打造更具影响力的品牌形象。

如果你想要运营好一个微信公众账号，你首先要运营好个人微信账号。

你的微信好友的数量是成功的关键，只要数量足够多，你就能获得一些消费用户。只要你的产品足够好，你总能让人自愿掏钱消费！所以，我们一定要千方百计提高微信好友的数量，也就是说把你所有能够找到的手机号码都找到，具体怎么找呢？这也会在下一章详细介绍。

现在，我们要做的是向这个目标前进。怎么向这个目标进发呢？我先介绍微信营销的三个步骤，希望广大读者可以了解。

一、建平台

如果你要做微商，首先，你要把自己的微商平台建设好。所谓的微商平台主要有微信公众账号、微信个人账号、微店。其中，微店是解决支付问题的。微信有微小店、赞微商城……有许多渠道可以申请微店，而且是免费的，要解决支付问题就要用微店。

然后，你需要建微官网，用来展示和介绍公司信息，所以一家微商公司要做的第一步就是建微商平台。你要做的就是申请公众账号，建设微商城、微官网等。

以下是建微信公众账号的申请步骤：

（一）在浏览器输入 mp.weixin.qq.com，进入微信公众平台的登录界面。当然，你也可以通过百度搜索"微信"二字，进入微信公众平台的登录页面。

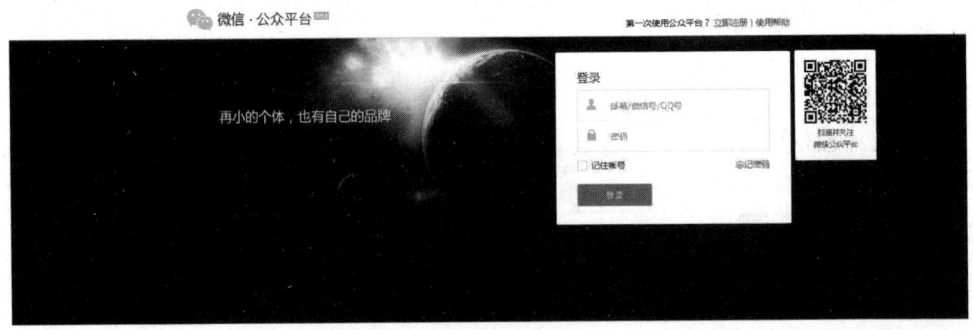

（二）点击右上角的立即注册，进入注册界面，输入注册所需的基本信息。

（三）填写注册信息后，你的邮箱会收到一封激活邮件，点击激活链接进行邮箱激活即可。

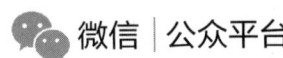

你好!

感谢你注册微信公众平台。
你的登录邮箱为：_____.com。请点击以下链接激活账号：

https://mp.weixin.qq.com/cgi-bin/activateemail?email=cmwvwywyu
50deaxtucket=mmverifcodebrokeermali_1_1di_dd39le5ae4be774e5
b8o95ecc

如果以上链接无法点击，请将上面的地址复制到你的浏览器（如IE）的地址栏进入微信公众平台。（该链接在48小时内有效，48小时候需要重新注册）

 Claire Wang
微信产品经理
Claire1023@qq.com

（四）在邮箱完成激活后，再进行信息登记。选择微信公共平台的类型是"个人"，然后，根据自己的实际情况填写剩下的信息即可。

（五）提交成功之后，开始填写公众平台的信息，这里需要注意的是，你的账户名称不能和其他入驻账户重复，如果你的账户名称和认证账户产生冲突的话，可能造成侵权的问题。

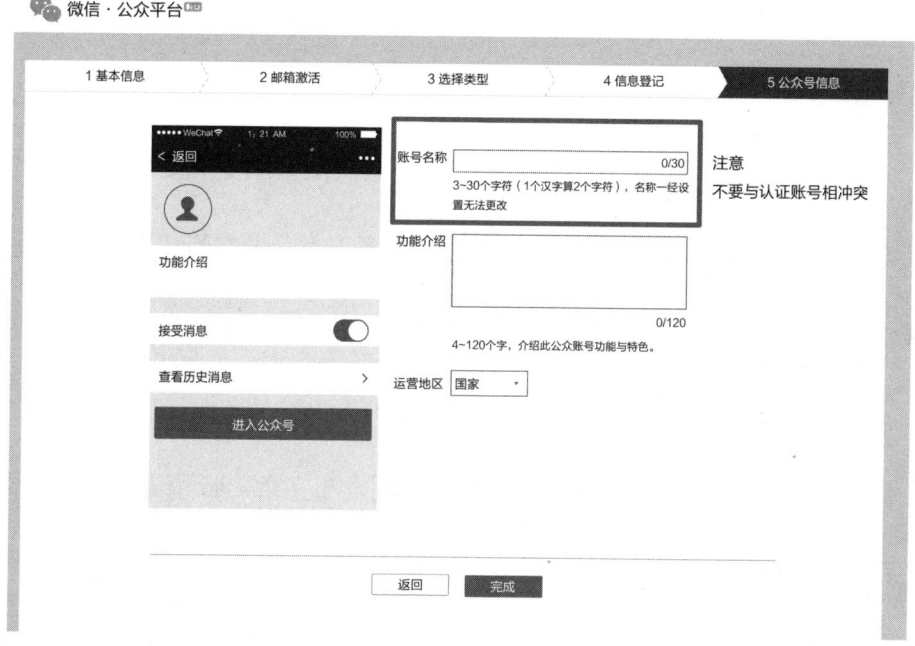

（六）最后，微信公共平台会告诉你注册成功，然后就可以直接进入微信公众平台的操作界面了。

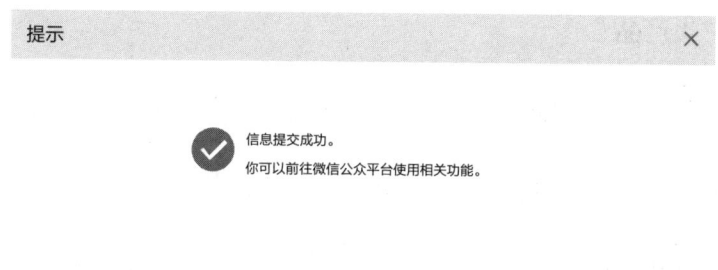

二、打造"量"

解决"量"的问题，也是本书最关键的问题。简单地说，就是怎么让微信好友或粉丝的数量变多。无论你是做个人微信账号，还是做微信公众账号，其实都有共同点，就是要增加微信好友和粉丝的数量。有了足够的好友和粉丝数量，我们才有更高的成交率。

为了达到增加微信好友和粉丝的数量，你先要做好运营，即运营你的微信账号和微信公众账号。我们朋友圈里的很多人都会分享别人公众账号上的内容。其实你分享别人的内容，是在帮助别人的平台增加粉丝数量。

你可以通过打造自己的微商团队来管理微信公共账号，也可以请一个团队来帮你管理公众账号。从找素材、写文章到发布文章，都可以由团队来做，有了团队之后，你就可以用不同的方法去推广营销。

事实上，很多人都是通过其他的互联网渠道，把精彩的内容转发到微信公共平台中来服务他们的微信好友和粉丝，我们也可以这样去做。

三、"卖产品"

"卖产品"就是销售，其中文案很关键。好的文案能够吸引别人购买你的产品，而糟糕的文案则会使得你的产品缺乏吸引力。

比如，在淘宝网站上买东西，你会先看什么，无非是标题、销量、评论。

这对于你是否购买该产品非常关键，举例来说，是否有7天无条件退货保障，是货到付款还是分期付款，是否送赠品，这些都是文案的一部分。总之，人们为什么要购买你的产品，你需要通过文案去告诉大家。

下一步我就跟大家分享怎么写文案：

（一）正标题。标题是文案中最关键的部分，如果正标题写得不好，那文案就不可能成功。你要把最核心的卖点用最精炼的语言表达出来。我建议，可以列出1~5个卖点，然后选择3个卖点融入标题。

标题文字必须能够吸引人，使得人们产生好奇心。

如果标题写得足够好，那么人们就会看你的文章开头。文章开头和文章标题联系紧密，要知道客户是因为对标题感兴趣，才看文章开头的。文章开头的那一段永远不要超过三行。为什么？因为越短越容易读。一般来说，人们在读文章的时候，先整体地扫视一下，如果文章的第一段有很多行，可能就看不下去了。

（二）副标题。副标题也很重要。那么，副标题为什么重要呢？因为如果文章没有副标题，直接就是一段接一段的文字，这会增加人们的阅读难度。一般来说，人们在阅读文章正文的时候，会先看副标题，根据副标题再决定是否往下看。所以，副标题是非常重要的，它相当于向读者提供快速了解文章大致内容的"指示牌"。

（三）把标题的问题解决之后，我再讲一下正文，正文里面要包含十大要素，如下：

1.产品或者服务

我经常发现有的微商的文章只是简单描述产品和服务内容，这是错误的。如果你这样做的话，别人是不会购买你的产品和服务的。所以在正文中，你需要给产品或服务塑造形象。简单来说，你需要告诉客户他不知道的产品和服务的背景知识，以及如何更便利、有效地使用你的产品和服务。客户加深了对你的产品和服务的认识后，你的产品和服务在客户心里的价值就会提高。如果客户对你的产品和服务的认识很肤浅，那他就不会购买你的产品和服务。

如果你不能告诉别人如何更好地使用你的产品以及使用你的产品后将会享受到的服务，那么你的产品就不能体现它应有的价值。在这里，我要强调的是，你必须清楚地告诉客户你的产品会给客户带去的结果或效果。只有这样，对方才能知道你的产品的价值。

一般客户对你的产品或服务的认识是非常有限和肤浅的，但你非常清楚你的产品或服务的价值，你要把你所知道的全都告诉给客户，这样的话，你的客户才能知道你的产品或服务的真正价值。

当然，你要认真思考如何表达才能更准确地把你的产品或服务的价值呈现在大家面前。如果做到了这一步，你还可以把你脑海中的远大的理想或色彩斑斓的梦想表达出来，这也非常关键，会提升你的产品或服务的价值。

2. 独特卖点

"独特卖点"是你的产品或服务中最独特的一点，也是别人都没有的。独特卖点需要你用非常简单的语言来表达。

它有三个特点：

（1）必须独特。

（2）必须跟客户想要得到的结果密切相关。

（3）用简单的语言表达出来。如果你的产品有好的优点，但是你无法用语言把它表达出来，那有什么用呢？客户必须通过你的语言文字才能感受到你的产品和服务的优点，但如果你表达不出来，就无济于事。

所以，你的产品和服务要具备"独特、相关性、可表达性"这三个特点，三者缺一不可。

3. 零风险承诺

我认为，向客户做出"零风险承诺"，是一个非常强大的营销手段。如果你做出"零风险承诺"，就是向你的潜在客户非常自豪地宣布：我愿意为你的购买行为承担全部的责任。我不会白要你的钱，我的产品确实能给你创造价值。如果你购买我的产品，这是你给我的一个机会，让我用我的产品为你提供服务。如果我的产品有任何问题，或者你对我的产品有任何不满意，你都有权利拿回你因为购买产品付给我的每一分钱。

而且，当你做出这样的承诺之后，你就永远有动力去创新产品和改善服务。由于用户需求不断增加，你不能靠老本混饭吃，必须不断地创新，满足客户的需求，让客户的满意度不断提高。

因为你不断地创新产品和改善服务，所以你的能力也会增强，你的进步会非常之快，那么，在不久以后，当你站在你的竞争对手中间，你会有一种"鹤立鸡群"的感觉。

因为你向客户做出了"零风险承诺"，你就会把"赢利、为客户服务、创造产品价值、促进自我发展、自我提高、不断完善自我"结合在一起。

我认为，你只要做出这样的承诺，就会有所收获。如果你想让人产生购买你的产品或服务的意愿，你肯定会这样做。

4. 赠品

如果在正文中有关于赠品的信息，就会增强用户购买产品的意愿。但是，赠品一定要和产品有"相关性"。我们在正文中加入关于赠品的信息是为了促进客户产生消费欲望，如果赠品和产品没什么联系，也就是没什么"相关性"，就不能达到这个目的。

如果你销售的产品是课程，但是赠品却是牙刷，这显然是错误的。赠品一定是基于别人对你的产品感兴趣这一前提去设计的。所以，赠品也要对客户产生价值。

我们要知道，那些对客户没有价值的东西，即使是免费的，他们也不想要。你要让客户觉得，购买你的产品并得到你的赠品后，他获得了两份利益。

需要注意的是，在送赠品的时候，最好也向客户做出"零风险承诺"。比如，即使客户要求退回已经购买的产品，他也是可以保留赠品的。

5. 价格

一般来说，正文中要写出产品的价格。不过，在别人没有认识到产品或服务的价值之前，你最好不要标出具体的价格。为什么要这样呢？我们销售产品是向客户传递产品的价值。如果一开始就标出具体的价格，客户就会更加关注产品的价格，而不是产品的价值。假如产品价格比较高，在客户还没有认识到产品价值的情况下，这样做就会吓跑客户。

除此之外，如果产品价格比较高，你还需要向客户做必要的解释。不管怎样，客户都会对产品价格产生疑惑。

当然，如果产品价格比较低，你也需要解释，因为客户可能担心"便宜没好货"。总而言之，你要尽可能地让客户对产品的理解和你对产品的理解保持一致。

6.支付条款

"支付条款"是影响你能否卖出产品的关键。当客户在购买产品和服务之前，你就要求客户"一次性支付现金"，这很可能会使你失去成交的机会。

打个比方，我们之间做生意，在你没见我之前，还对我一无所知，我要求你往我的账户里打几万块钱，你肯定不会相信我。但是，如果我把你邀请到我的公司，再一起谈生意，这样的话，你就能够实地验证我之前说的话是不是真的，我们之间才能逐渐产生信任。

所以，你要做的就是一步步地吸引你的客户。当别人对你非常信任的时候，你可以向他要求多一些。但是，当别人对你非常不信任的时候，你就必须克制你的行为。当你把交易"门槛"降低后，你会慢慢地得到客户的信任。我们都知道，客户的信任是非常重要的。

你也可以让客户货到付款，这样的话，客户购买你的产品的风险就会降低，对你会更加信任。

7. 送货条款

送货条款各种各样，比如说现场提货、送货上门等。

我曾经做过一款产品，很多人买，都让我快点发货，如果你向客户承诺的发货日期离他付款的日期越近，那么客户更容易购买你的产品。为什么呢？因为你打消了客户的顾虑，增强了他的安全感。

从客户的角度思考问题，我们要知道客户在担心什么、忧虑什么，然后去解决。所以，在正文中写清楚送货条款是很重要的。

8. 稀缺性

当某件产品具有稀缺性，比如是限量销售，不是每个人都能买得到的，这样的产品就会更有吸引力。

大家都知道，上我的课程的人数名额是固定的，为什么？因为我希望能帮助上我课的每一个人，我需要去剖析每个人的营销方法和观念，这需要花费我很长的时间，所以上课的人数不能多。

产品的稀缺性很重要，如果你的产品没有稀缺性，客户会犹豫，因为他知道，无论何时，他都可以购买，不用急于一时。因此，很多人就不会购买你的产品了。如果你限量销售你的产品后，有的客户没有买到，他就会有一种错失机会的感受。那么，当你再次销售这个产品的时候，很多人就会踊跃购买了。

9. 紧迫感

我先问个问题，那就是紧迫感是什么？我们都体会过紧迫感，比如上班要迟到的时候，我们会产生紧迫感。所以，产生紧迫感是因为我们感觉可以利用的时间非常有限。

我们都是人，都有人性的弱点，那就是喜欢拖延。所以，对产品进行介绍时必须给客户一个不拖延的理由。我们要找到一种实在、坦诚的方法，促使客户产生想要购买产品的紧迫感。我知道很多销售员都没有意识到这一点。

那么，我们用什么方法来促使客户产生紧迫感呢？一般的方法就是限时降价。

举个例子，我的课程可以销售无数次，但为了促使客户产生紧迫感，我就用送赠品的方法来达到这一目的。比如，如果你今天报名参加我的课程，你就能够得到一个价值丰厚的大礼包，但是如果你明天才来参加我的课程，你就不能得到大礼包。这样做的目的就是为了让客户产生紧迫感。

10. 解释原因

除了以上的这些方法，还需要告诉客户你为什么要做出这些决定，比如你为什么要送赠品，为什么你的产品价格这么高，为什么你如此慷慨地做出"零风险承诺"……

所有的这些问题，你都需要给客户一个答案。对方需要理解你为什么这么做，这样他才更容易信任你。还有你最好坦陈你的营销目标，让客户知道你可能得到的利益。

有的人可能害怕向客户说出做这些活动就是为了赚钱。其实，你完全不用这么想。

举个例子，我为什么要把我所知道的营销秘诀全部教给大家，很简单，因为我向大家教授营销秘诀，我可以更轻松、更快速地赚钱。大家也都知道，我的营销秘诀对大家有价值，可以帮助大家更轻松、更快速地赚钱。但是如果我不这样说，反而显得我非常不真实。

所以，如果你的个人目的是建立在别人能够从你身上得到利益的基础上，那你的个人目的反而使你显得更加真实，别人是不会说你自私的。

如何快速打造 5000 人的微信好友

一、一键加微信好友

微信软件通讯录界面

微信软件添加好友界面

首先,打开微信的通讯录,点击右上角的图标,你会发现有一个叫"雷达加好友"的功能。"雷达加好友"这个功能有什么用呢?举个例子,比如有一个会议,会议人数超过 10 人。如果你想快速地把参会的所有人加为好友,只要大家都打开这个功能,就可以了。

微信软件雷达加好友界面

除此之外,微信还有一个叫"面对面建群"的功能,可以运用这一功能"一键建群"。比如,你和其他几个朋友想要建立一个微信群,那么你们可以同时打开这个功能，只要输入事先约定好的同一个密码，你们就会进入同一个微信群里。

二、附近添加微信好友

微信里有个功能叫"附近的人"，这个功能使得我们可以添加附近 10 公里以内的微信用户为微信好友。

当然，这个功能对你的所处位置是有限定的。如果想要添加其他地区甚

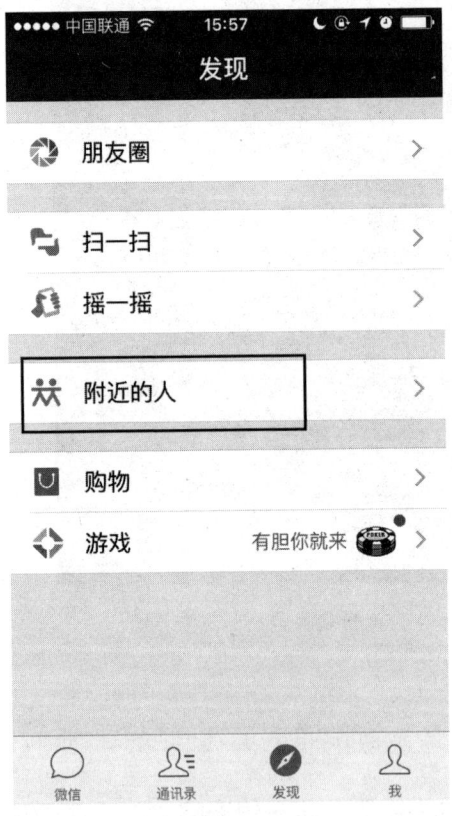

微信软件发现界面

至其他国家的人的微信号,应该怎么做?比如你在广州,要添加在北京的人的微信号,你该怎么办,是不是要去北京一趟呢?

事实上,即使你在广州也能添加北京的微信号。现在有一些软件,可以使我们不需要亲自去某些地方就可以添加这个地方的人为微信好友。我们可以运用一些模拟定位的软件模拟我们所处的位置,比如我在广州,但我的微信上显示着我在北京。不管是苹果手机还是安卓手机,都可以使用这种软件。

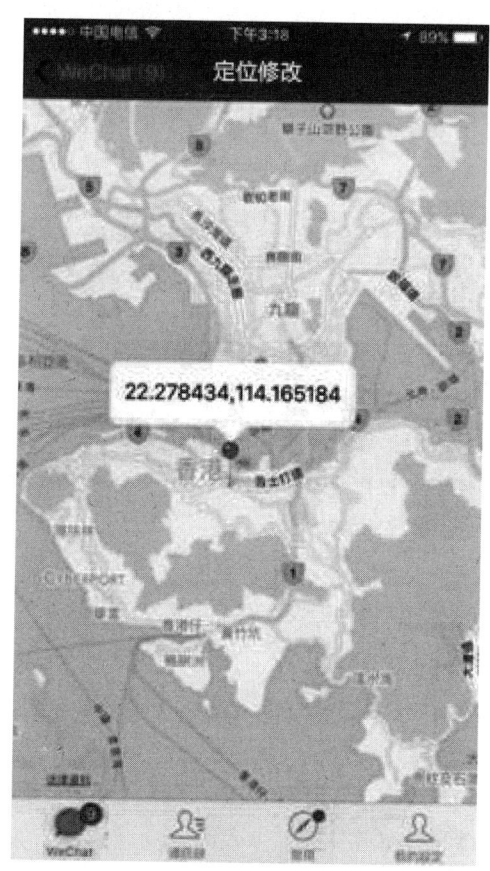

微信软件定位界面

在使用"附近的人"的功能时，要掌握关键的两点。第一点是说话的技巧，当你添加陌生人为微信好友的时候，需要写一句话介绍自己，只有通过对方的验证后，你才成功地添加对方为好友。那么，说什么话？四个字：朋友推荐。我发现说这句话的成功率比较高，大概有3成以上。当然，如果对方问是哪一位朋友推荐的，你可以说陈总、林总等介绍的。如果对方追问具体的名字，你就随便说一个名字。

当你使用模拟定位软件的时候，不要让你的微信显示出来的位置前一分钟是广州，后一分钟是上海。很简单，因为你无法在一分钟之内从广州来到上海。

微信软件附近的人界面

三、通过软件添加微信好友

利用软件加粉其实在 QQ 刚刚流行时就已经开始。比如，有个 QQ 群发器的软件叫豪迪，通过豪迪 QQ 群发器，你可以向 QQ 好友、群、群成员群发文字、图片、文件、离线文件等。

豪迪 QQ 群发器的特点是：快速、稳定、操作简单；支持添加随机字母、数字、文字；群发的消息中可自动添加对方昵称以及 QQ 表情，增加亲切感；如果你只想对某些好友组群发消息，只需将这些组展开即可；如果你不想让某些人收到群发消息，只需将他们的 QQ 昵称加入禁止发送名单；还可以自动记录每次发送的详细情况。

现在也有很多用来添加微信粉丝的软件，比如爆粉精灵、定转精灵、变态微商、微小秘、云快客、兵工厂、微多客……这些你都可以在淘宝上找到。

这些软件都有以下的基本功能：

自动向附近的人打招呼；

自动添加群成员为好友：最快捷的微信加粉方式；

批量导入号码添加好友：支持导入批量手机号/微信号/QQ 号等；

朋友圈自动点赞、自动评论：评论内容可以是广告；

向微信通讯录好友逐个发言；

微信主界面向最近沟通过的好友或群逐个发言；

自动向群聊里的所有人逐个发言；

自动添加群成员为好友——多群版：实现一次性将群聊里的所有成员都添加为好友；

多个账号轮流自动向附近的人打招呼，结合第三方的定位软件可实现一键站街功能；

多个账号轮流自动导入批量号码添加好友（标配20个微信客户端）；

向微信通讯录好友推送公众平台链接；

微信主界面向最近沟通过的好友或群推送公众平台链接；

自动向群聊里的所有人推送公众平台链接；

自动接受新的朋友加好友请求，并添加新的好友；

添加手机通讯录里开通了微信的好友；

多个账号轮流自动发送朋友圈信息（1~9张图片或文字）；

通讯录推送指定名片；

微信主界面推送指定名片；

自动向群聊里的所有人推送指定名片；

删除僵尸粉丝；

朋友圈自动点赞评论——多开版；

漂流瓶营销——多开版；

自动拉指定好友进群；

自动群发助手；

自动群发助手——文字——多开版；

自动群发助手——图片；

自动群发助手——图片——多开版；

自动将群保存到通讯录，并取消消息提醒；

自动将群保存到通讯录，并取消消息提醒——多开版；

转发小号发布的朋友圈链接——多开版。

不过，有很多软件的更新速度很快，所以，我建议大家多使用一些测试过的软件。如果大家找不到软件，我推荐大家可以到淘宝上搜索。在淘宝上，我们可以找到很多的信息资料。

四、群加微信好友

微信软件微信群界面

众所周知，微信可以建群。微信群这一功能也更新过好多次了，目前为止每个微信群最多可以有 500 个微信号。如果你要做微商，通过微信群加好友也是一种方法。

所以，你要千方百计进入更多的微信群，那么，你就有机会添加更多的微信好友。举个例子，如果你的微信中有 10 个 500 人的微信群，那么你就等于有 5000 个微信好友可以添加；如果你的微信中有 100 个 500 人的微信群，那你就有 5 万个微信好友可以添加；如果你的微信中有 1000 个 500 人的微信群，那你就有 50 万个好友可以添加。所以，如果你要解决微信好友数量的问题，你就需要进入更多的微信群，这样的话你可以加更多的微信好友。当我们去添加微信群里的群友为微信好友的时候，我们可以这样介绍自己：同一个群里的，很高兴认识你。

五、通过 QQ 群添加微信好友

我们知道，在 QQ 流行的时候，很多人都是用 QQ 群加粉的。在 QQ 群里加粉有一个好处，那就是可以加到精准的粉丝，因为在很多 QQ 群里面聚集的都是一群有共同爱好的人。比如你搜索"妈咪"两个字，就有"妈咪宝贝"、"妈咪产后瘦身群"等，这些 QQ 群的成员都是已经做妈咪的人。那么，如果我们的产品是母婴产品，我们就可以找到这些 QQ 群，把我们的产品卖给这些 QQ 群里的妈咪，这就叫作精准营销。所以，建议大家多用 QQ 群加粉。

当然，我们首先需要加入我们搜索到的 QQ 群里，这样的话，我们才能够推销我们的产品。那具体怎么加呢？我有一个策略，那就是让这些 QQ 群内的人主动添加你为微信好友。

举一个例子，我的老婆在卖燕窝，我教给她一个招数，用了这一招之后，她的生意非常好。我用的是什么技巧呢？

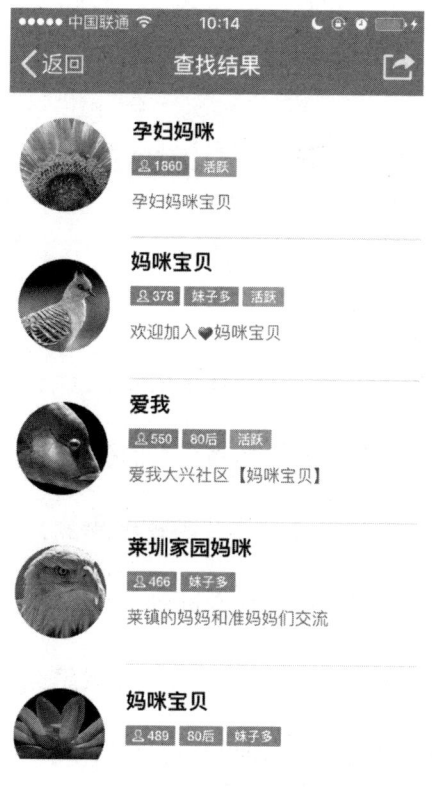

QQ 软件搜索群界面

我们知道，现在有很多妈咪对育儿的知识不是那么了解，她们有很多不懂的问题需要解决，而我老婆在育儿方面非常有经验，所以我就建议她搜索一些妈咪的 QQ 群并加进去，然后毫不吝啬地向那些妈咪们传授育儿方面的知识，包括在群里面很耐心地回答一些妈咪提出的疑问，把自己的经验毫不保留地分享给她们。

然后，会有一些常向我老婆提问、取经的妈咪，主动提出要添加她的微信号。这样的话，我老婆把群里的一些人变成微信好友。她们成为我老婆的微信好友后，我老婆就可以向她们推荐燕窝。我们不要忘了，这些妈咪也是燕窝的潜在消费者，因为她们产后需要补充营养。所以，我建议大家用类似的方法，找到自己需要的 QQ 群，最后让 QQ 群里的人主动加你为微信好友。

六、通过软文添加微信好友

我们知道，有了互联网以后，就有了软文。

前几年，我在网上发布了一篇名叫《微信被封号了，怎么解锁》的文章，然后就有人转载了。其实这篇文章是我整理编辑的，在文章的最后，我加上了我的微信号，如果别人看了这篇文章觉得有用，那么他就会加我的微信。

结果，这篇文章发出去之后有很多人来问我怎么解封微信，甚至有很多是来自马来西亚、新加坡的朋友。当他们在谷歌浏览器或百度浏览器中搜索"如何解封微信账号"时，就有可能搜索到我的文章。

所以，如果想要添加更多人为微信好友，那么可以在网上多发表文章，但是，这些文章必须是能够帮助别人解决实际问题的。

在你准备写文章的时候，你需要研究大家都在关注什么，而且，在写文章标题的时候，你要思考文章标题是不是符合网友的搜索习惯。

微信软件公众微信号界面　　微信软件公众微信号转发文章界面

七、添加微信好友的另类办法

我发现，微商有四种类型的客户，分别是男人、女人、老人和小孩。而这四种类型的客户都有什么特点呢？简单地说，男人好色、女人爱美、老人要长寿、小孩要健康。

所以，你可以建一些另类公众号来吸引别人，让他们主动加你为微信好友。比如，你可以建关注儿童健康的公共号。我的一个朋友有一个专注儿童卫生和疾病预防的公共号，他一个月就赚了 20 万元。

微信软件公众微信号查看历史消息界面

八、二维码添加微信好友

通过微信二维码添加微信好友的关键是：你要想尽办法把你的二维码放在不同的地方。

举个例子，我有一个学员，他把自己的微信二维码贴在很多场合，很多澳门停车场旁的布告栏上都有他的微信二维码。这样的话，很多人可以看到你的微信二维码，也就能增大别人扫码添加你为微信好友的概率。除此之外，非常重要的一点是：标题一定要设计好，吸引人，人家才会添加你为微信好友。

那么微信二维码可以呈现在什么地方？有以下 15 个地方：

1. 二维码名片。

2. 画册、手册。

3. 门店、海报。

4. 产品包装、产品。

5. 产品说明书、衣服标牌。

6. X 展架（显眼一点）、幕布。

7. 工作服、T恤。

8. 工作牌、参加证。

9. 优惠券、会员卡。

10. 小物品。

11. 户外广告。

12. 美女模特、蜘蛛侠模特等抓人眼球的一类人身上。

13. 传单、报纸、杂志等传统媒介。

14. 鼠标垫。

15. 发票、购物小票。

总之一句话，让你的微信二维码无处不在，你就离成功更近了一步。

九、通过互粉平台添加微信好友

有很多可以添加微信粉丝的平台，只要加入这些平台，你的微信二维码、个人资料就会显示在这些平台上。如果你付费了，你的资料就可以置顶，如果你不付费，你的资料就会在较后面的位置。

这里有一个策略，就是你加入这些平台后，适当付费，以获得置顶的权利。因为如果不付费的话，你的资料就很难置顶。当你的信息资料置顶后，你添加微信好友的概率就会大很多。以我的经验来看，需要支付的费用一般是几

微信平台加粉界面

十元到几百元不等。这个方法很不错,我希望能帮到大家。但是,这些互粉平台最少也有几十种,需要甄别选用相对优质的互粉平台。

十、通过人脉软件添加微信好友

以前,我们在工作中会收到很多名片,我们可能还需要拿着名片把名片的信息输入手机里。但是,现在很多人都懒得去这样做了。

有了人脉软件后,我们就可以把传统的名片变成电子名片,只要我们将

名片夹软件界面

名片拍照，人脉软件就会自动读取名片上的文字、地址、电话号码等这些信息并保存到手机通讯录里。这个方法简单又方便。

在这里，我推荐经纬名片通。

当你登录经纬名片通后，就可以把名片拍下来，这个软件可以帮助你把

名片夹软件分组界面

名片夹软件照相界面

名片上面的电话号码等资料保存到手机上，非常方便、好用。而且，现在很多人脉软件都有添加好友功能，这样的话，我们可以快速获得对方的电话号码，然后把对方转化为微信好友。

十一、导入手机号添加微信好友

通过导入手机号添加微信好友,也是我们添加微信好友的关键一招。

如下图,我用微信导入了200个手机号码,微信就提醒我有63个微信好友可以添加。简单来说,只要你把全中国的手机号码都导入手机,那全中国的微信号你就都找出来了。

不过,微信有一个限制,就是你每次导入的手机号码最多不要超过2万个。如果你是用苹果手机,系统基本上可以支持这样做。但是如果你使用的是安

微信通讯录界面

卓手机，那么，当你用微信导入1万个手机号码的时候，手机就会变得很卡。所以，我建议大家用微信导入手机号码的时候一次性最好不要超过2万个。

而且，如果在短时间内大量添加微信好友的话，微信的后台就会有所限制。比如，你的微信一天之内突然添加几百个好友，微信后台就会查到，如果你操作频繁的话，就会限制你的部分微信功能。所以，我建议你一次加十几个微信好友，停一会儿再加。

不过，我们还要解决怎么样把手机号码导入微信中的问题。如果你要导入手机号码到微信中，你可以使用这两个工具：QQ同步助手和客源宝。QQ同步助手需要手机跟电脑同时操作才可以使用。客源宝是付费软件，费用一般是100元。

十二、通过QQ号导入添加微信好友

微信之前有一个功能，就是可以通过QQ添加微信好友。你可以先去找大量的QQ号码。有一种工具叫QQ号码采集器，它可以帮你采集到一些精准的QQ用户。

打开QQ号码采集器后，填入省份、性别、年龄、城市等信息，软件就会筛选出你想找的QQ用户，然后导入微信中。这个方法也属于精准营销，我建议这招大家可以常用。

十三、资源互换

什么叫资源互换呢？举个例子：如果你是业务员，你要开发客户，但是你没有很多客户资源，该怎么办？首先，你要知道其实有很多业务员跟你一样存在着相似的问题，同时这些业务员也掌握着部分客户资源。那么，你要做的就是找到这些业务员，跟他们交换资源就行了，这样就可以得到更多的客户资源。

百度搜索"业务员网"

有人可能会问具体怎么找，我的方法是：你可以在网上搜索一些业务员网，然后申请进入业务员的QQ群里。在很多论坛、网站，你也可以找到业务员，你可以以业务员的身份跟他们交流，然后得到他们手中的客户资源。

十四、通过"百度知道"添加微信好友

现在很多人都有用百度搜索的习惯，所以百度知道也是值得我们运用的一个平台。举个例子，如果你在百度知道上提问："我们澳门最好、最真实

百度知道页面

的招聘网站是哪家？"那么，我就可以上去回答"澳门人才网"。其实，我们也可以自问自答。

说到这里，我要向大家推荐一个网站，它叫猪八戒网站。这个网站是国内最廉价的兼职网站。如果你不懂怎么在百度知道上自问自答，你可以在猪八戒网站上发布任务，用一点小钱，就会有人帮你操作。

其实，很多做营销的人都不会亲自去发这些东西，都是找人去做的。简单来说，操作的技巧就是自问自答，或者找人去问、找人去答。最后，我还要强调的是，提问要符合网友的搜索习惯。

十五、借力互推

我经常叫我的弟子们互推微信号。但是，我有一个建议，你可以先付出，也就是说，你先帮别人推广他的微信号。在朋友圈发布动态时，你可以发布别人的二维码和基本资料，吸引你的微信好友添加他为微信好友。

需要注意的是，你发布动态的时候一定要放二维码，因为现在很多人都很懒，主动添加微信号的概率很小，但是扫二维码是很快的。而且，你最好放一张真人的照片，以增加真实感。

总的来说，如果你要跟身边的朋友进行互推微信号，你要先帮助别人，然后再要求他帮你推广你的微信号，这样的话人家一般是不会拒绝的，这就是先付出后收获。

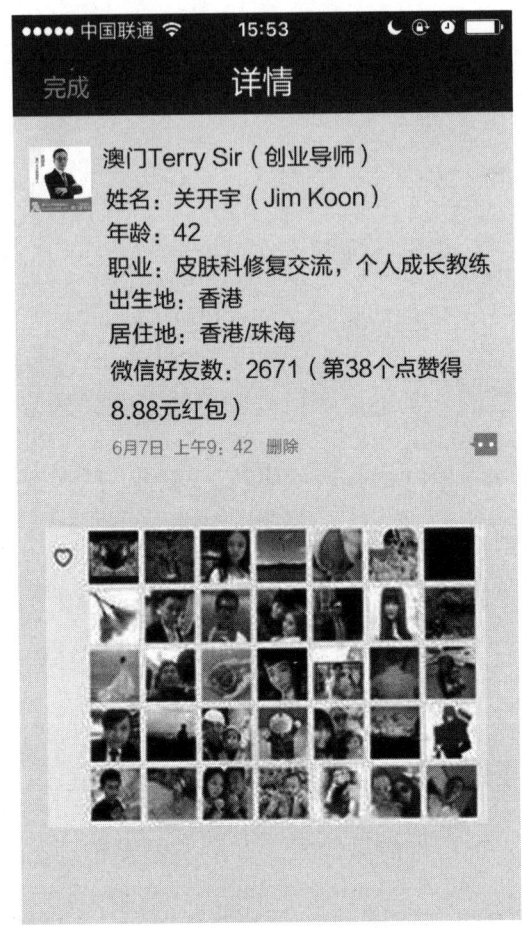

微信朋友圈发红包点赞界面

十六、加入圈子

在现在这个微商年代，有很多微商的微信群，比如秦仪会，你也可以选择加入这些圈子，如果你觉得有的圈子的人脉是值得你去加的，我建议你付一些费用加入这些圈子。

有些圈子收费几百元，有些圈子可能收几千元。但是，如果是不付费的圈子，我建议你还是不要加入，因为只有进入付费的圈子，你才能添加优质的微信好友。除此之外，我建议你尽量加入一些有老师或导师的圈子。

我自己也建了一个微信群，也就是我的弟子群，所有弟子都是朋友的关系，所有弟子都会互相帮忙的。如果你付费进到我的这个圈子，里面几百人基本上都会成为你的微信好友。

微信群——Terry Sir 弟子圈的成员

我希望这十六招能帮到每一位读者，最后，我还是强调一句话：懂一万招还不如把一招练一万遍。所以，只需要掌握这十六招中的其中几招，你就可以在几个月内添加 5000 名以上的微信好友。

成交都基于信任

前面我讲了十六招，教你如何将微信好友快速加到5000人。下面我将教大家如何与微信好友达成成交。

首先，将你的个人微信号设置好，让人感觉可信，因为一切交易的达成都是信任的缘故。你要做的就是让人家看了你的微信就会对你有初步的了解。

我把这方面分为以下几点：

一、个人微信的头像一定要真实

有人把微信头像设置为花、动物等，用这样的微信头像很难取得别人的信任，所以微信头像必须是真实的自己。当然，你要尽量把自己漂亮、帅气的一面展示出来，比如我的微信头像，就是把自己最帅的一面展示了出来。

微信头像

这样的话，人家见到你的微信头像，就会有最基本的信任。

二、微信名字要真实

比如我的微信名：澳门Terry Sir（商业顾问）。

三、背景板

每个人的朋友圈头像后面都有个背景板，你可以用公司团队或展现公司文化的照片，当然你也可以使用广告词。需要注意的是，你每个月最好换一下背景板。但是，你的微信头像和名字不要经常换，否则会降低客户的信任度。为什么背景板要定期换呢？因为可以体现你的最新状态。

微信背景板

四、个性签名

如果你是业务员,你提供的是什么服务、你的产品卖点、你的电话号码和其他资料都可以写在个性签名上。这样的话,客户就能够很容易看到你的资料信息。即便客户现在对你的产品没兴趣,但不代表将来他对你的产品也没兴趣。所以,如果你留下了电话号码,客户在需要你的产品的时候就能马上找到你。

微信朋友圈推荐

五、所在位置

你在发布朋友圈动态的时候是可以选择地点的，你可以把地点改成公司名字。这样的话，别人就可以看到你的公司名称，而且，他还可以通过你的公司名称看到你的电话号码等资料。

六、微信账号绑定QQ号码或者手机号码

微信号最好绑定QQ号码或者手机号码，不要只使用英文和数字，这样会让别人在输入时感到麻烦，不方便。

七、购买微信理财产品

最后有一个小秘密，你可以适当买一些微信的理财产品，成为微信的付费客户，微信后台对你的评估就会高一点。

希望这七点技巧可以帮助大家，这些非常重要。

除此之外，怎么在朋友圈发布动态也是很有讲究的。

简单来说，你要发一些作为一个普通人会发的内容。一个普通人一定有家庭，所以你要在朋友圈里发布关于你家庭的内容、关于你生活的内容。有些人从来不发关于家庭的内容，别人就会觉得你和他距离很远。所以，如果你有时候发小孩、老婆、父母的照片，别人就会觉得跟你亲近了很多。

还有就是你的事业，每个人都有自己的事业和工作，所以，你也要发布一些关于你的工作和事业的内容。

需要注意的是，你不能老是发产品信息。如果这样的话，别人对你的信任度就会降低。

除了这些内容以外，你还可以发布你的想法。每个人都有自己的想法，但是发布想法的时候一定要发一些正能量的想法，不要发负能量的想法。因为大家都喜欢跟正能量的人在一起，如果你经常发一些抱怨、负能量的想法，大家就会觉得你这个人很消极，就不想跟你做朋友了。

所以，你的朋友圈最好发有关家庭、事业、想法这三种东西的内容。

如果你添加了5000人为微信好友，并与他们建立了一定的信任关系，我还要告诉你怎么从中找出一些VIP客户。简单来说，对于那些多次购买你的产品、并且成交金额比较高的微信好友，你要主动花时间跟他们建立关系，让他们成为你的VIP客户。

下面是打造VIP客户的六个步骤：

（一）主动告诉别人自己的基本信息。对于一个陌生人，你首先要向他自我介绍，然后也叫他提供基本信息、工作单位、电话号码、所在地区等，如果想深入一点就再了解对方的家庭情况。

（二）搜集对方的详细信息。有些人擅长经营朋友圈，你可以从他的朋友圈里知道他的很多信息。如果你看到他在朋友圈里发的大都是家庭信息，那你就要备注一下；如果你看到他在朋友圈里发的大都是工作信息，你也要备注一下，以此类推。

怎么样备注呢？你可以备注他的名字，设置他的性格标签，包括备注他的电话、照片等。做好备注是非常有用的，通过备注，你可以对一个人更加了解，而且不容易忘记。当别人和你交流的时候，你只要看一下备注，就会记起这个人的基本情况。

（三）体现你的关心。具体怎么做呢？简单来说，他发朋友圈的时候，你除了点赞还要评论一下。如果他发了一些家庭旅游照，你就跟他说："哇，真开心，一家人去玩。"如果他发了一些事业方面的信息，你就要说："加油。"你如果想要跟他有更深入的接触，你肯定要多关心他。

我记得有一个人不管我发了什么，他都会点赞以及评论，这让我记住了他。我就想："他为什么那么有空呢？我一发朋友圈他就给我点赞和评论。"然后我就主动问他："你是做什么行业的？"他说是做地产的。

那时候我刚好需要租一个车位，所以我就找他，他帮我找到了车位，我付给他一些佣金。所以，如果你主动为别人点赞和评论，别人就会记住你。日子久了，不是你找人家，就是人家找你。因此，如果你要体现你对客户的关心，点赞和评论非常关键。

（四）用电话或语音进行深入了解。当你跟对方接触了一两个月后，双方基本就相互了解了。你可以跟他进行语音交流，或者看他在朋友圈发布了什么内容。如果他遇到了什么困难，你就关心一下，跟他深入交往，就像普通朋友一样。

（五）发送自我介绍的视频或者进行一次面对面的见面。如果你是广州人，你的客户是上海人，你从广州去上海也不现实。你可以发送自我介绍的视频。因为有些人是"视觉型"的，他们只有看到你说话的样子才会感觉你是真实、可信的。如果你和对方在同一地区，你可以约他吃饭。通过这样的方法，你们之间的信任度会大大提升。

（六）送一些节日礼物。你要判断这个客户是否值得投入，如果值得投入的话，节日的时候，就送一些贺卡或者礼物给他。中国人都是礼尚往来的，你送礼物给他，他会感谢你，如果你下次要他帮忙，只要在他的能力范围内，他都不会拒绝你的。这样的话，你们就是名副其实的朋友了。所以，打造VIP客户，就是和客户建立起朋友的关系，让VIP客户成为你的朋友。只要你的产品是好产品，作为你的朋友，他就会支持你。

这六个步骤，我希望能帮到大家，希望大家很好地利用。如果在你的5000个微信好友中，你能发展出500个VIP客户，那么你就会成功。

团队篇

代理体系
如何打造微商团队
团队经营朋友圈
微商讲课技术

代理体系

上面我们说了个人篇,现在说一下团队篇。我研究了很多做得特别成功的团队,发现大致有三种常用的团队代理体系。

首先,如果要研究团队代理体系,我们先要知道微商的发展现状,以及微商的未来发展趋势。微商从 2013 年开始野蛮生长。一开始,微商销售的产品有化妆品、面膜等,但是市场鱼龙混杂。比如,面膜的成本不高,但是卖出去的价钱却很高,所以是非常暴利的产品。经过激烈的市场竞争,很多一开始做面膜的微商也开始转型了。好的微商产品受到大家欢迎,而差的微商产品被淘汰。

值得注意的是,我们传统的销售手段运用的是产品思维,在互联网时代,

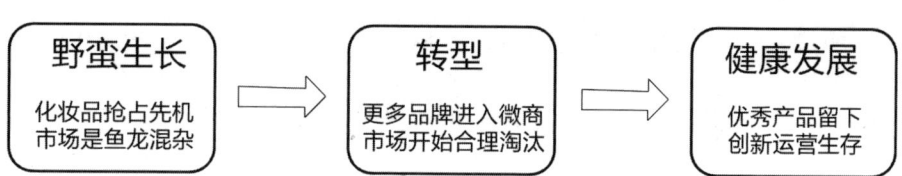

我们用的是流量思维，到现在微商的时代，我们用的是用户思维。所以，只要经营好用户，你就会成功。

微商分销一共有三种机制，如下图：

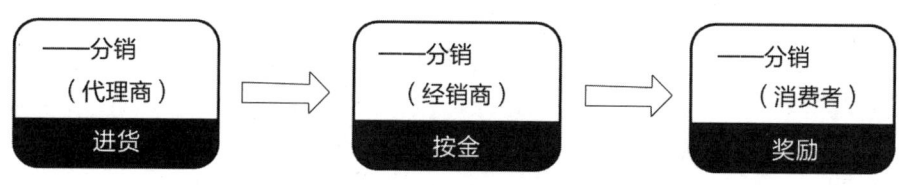

一、代理商机制

众所周知，做微商代理需要进货。从实际操作来看，比如购进价值1万元的产品，得到的折扣优惠是7折。如果购进价值5万元的产品，得到的折扣优惠是5折。如今，很多微商都需要支付预付款才能拿到产品，微商支付的预付款越多，享受到的折扣越大。但是，这里可能就会出现一个问题：上家赚了钱，下家赚不了钱。如果你是上家，你不教代理你产品的下家怎么把产品卖出去，下家就赚不了钱，很多微商就失败在这里。所以，这种机制有利有弊。

二、经销商模式

所谓的经销商模式是这样的，举个例子，你可以销售我的产品，但是到我这里拿货的时候，需要交押金。交了押金之后，你会享受一定的折扣，而且，如果在一年内，你卖不掉我的产品，那么我可以把押金退回给你。这种模式有一个优点，你可以不用一下子拿大量的货，压力就不会很大。所以，现在有越来越多的团队都在用这种模式。

三.、消费者模式

很多微商团队也会用这种销售模式。现在微商中出现了很多层级分销系统。层级分销系统如果要做得成功，必须有奖励机制。

这三种模式，每个微商都可以按照自己的情况加以选择。不管怎样，微信营销的最高境界就是把消费者不知不觉地变成你产品的宣传者和推广者。

传统的商业模式是"供货方—代理（多层级）—客户"，作为微商，要把这个环节进行整合重塑，肯定就需要"人人电商"这个观念。需要说明的是，"人人电商"并非每个人去开微店做微商，因为这样就会导致产品质量不可控、投入产出比不可控、利润分成不可控以及供应端不可控，最终结果就是做乱整个市场。

作为个体微商来说，不可能每一个人都能够掌握品牌资源，那么只能在分销方面去做突破。如果本身没钱投入，当然也不想投钱，更不想压货，也没有时间去做美工和客服，只想推荐优秀的产品给朋友，形成交易后赚取一点佣金。个体微商帮产品品牌做了推广，提取佣金也是合理的，虽然没有什么实际投入，但个体微商投入的是人际关系成本，更直白一点就是社会信任度。

如何打造微商团队

品牌、产品和团队,号称微商的三驾马车。

成功的微商都拥有一个强大的团队,只有一个人是没办法做大微商的。目前,微商的发展速度十分惊人,有时候,一夜之间就能涌现出一批微商明星团队。很多微商最初只有一个人,到后来就会成为一个团队,有的微商团队的人数最后可达上百人,甚至上千人。因此,如果想做好微商,你就必须拥有一个非常强悍的团队。

那么,我们怎么打造微信团队呢?主要有5个方法:打造标杆、提升能力、大量行动、团队打气、结果激励。具体怎么做呢?

一、打造标杆

首先，你的微商团队要有好的团队名称，一看就是很响亮的名称。产品需要品牌名称，团队同样需要团队名称。团队的名称最好取一个正能量的，比如"火焰团队"。团队的名称要方便传播，这样才能吸引更多人加入。为了宣传团队名称，你可以设计品牌形象，或者做出一条横幅，每当团队聚会的时候，都可以拿出来使用。

团队还需要一个具有号召力的领头人。领头人是团队的标杆人物，所有成员都向他看齐。

设计团队名称，找到团体领头人，这之后团队的架构基本就完成了。

二、提升能力

设置团队培训机制，开培训会和管理会，培训会要每星期开一次小会，每月开一次大会。目前，越来越多的人加入微商队伍，这其中有很多新手，培训就显得尤为重要。那么谁来培训呢？其实，我们可以让同事们相互分享自己的经验，或者请行业大咖讲解他们的成功案例。需要注意的是，培训内容一定要注重实操性，不能是长篇大论的空话和套话。只有注重实操，有具体的案例分析，培训才能起到实际的作用，才不会违背我们开展培训的初衷。

关于培训的内容，我认为有很多种，如心态培训、微商技巧、团队管理、如何做人等，这些都可以是培训的内容。

三、大量行动

每一个团队都要制订工作计划，并由专人定时检查团队成员完成计划的情况。团队的领导者要不停地给团队成员打气，并激励他们认真地工作。我们要让每一个团队成员都知道，有付出才有收获，付出得越多，收获也会越多。

其实，管理团队就好比管理一个公司，并不是件容易的差事。我知道很多有自己的微商团队的人都有这种体会，即团队中做代理的成员的忠诚度不高，容易变心，所以，往往就会发生你今天是我的代理，明天就成了别人的代理的情况。

所以，我们需要注重团队的文化建设和管理机制建设，促使团队成员彼此之间建立起良好的感情纽带，增加代理们的归属感，增强他们对团队的忠诚度。我们要和团队成员保持一种朋友、姐妹、兄弟般的关系，真正做到彼此坦诚相待，荣辱与共，朝着共同的目标一起努力。

四、团队打气

不管是哪个团队，到了一定的程度，团队成员就会疲乏，变得缺乏斗志，没有激情,所以我们要经常给团队成员打气,也就是我们常说的"打鸡血",又或者说是充电。

我们做这个绝对不是形式主义,这其实是很重要的。我们要经常通过会议的形式给团队成员一些正能量,向他们告知团队建设的一些好消息,激励他们,让他们对团队、对产品充满信心。

五、结果激励

我们要告诉团队成员,当他付出努力并取得成功之后,就会得到奖励。

微信群内发红包庆祝

除了一些口头激励之外，我们会有一些实际的奖励，比如说送手机，送旅游机会。

我们需要给每个级别的团队成员设定目标和计划，如果达到目标和计划，他们就会获得奖励，当然，如果没有达到目标和计划，就要接受一些惩罚。我们的最终目标是建立一套完善的激励机制，促使团队成员保持活力。

团队经营朋友圈

想做好微商团队,就要建立素材号或者素材群。打造好一个团队以后,每个团队成员的微信好友都有 5000 个。那么,怎么样做到保证团队成员的步调一致呢?

我建议要建立一个素材号,团队成员在发微信朋友圈的时候,所有人都可以通过这个素材号拿到资料。公司客服用素材号发布素材,同时建立一个素材群,这个群只发素材不聊天。所有人从这个群里拿到图片和文字资料,然后发布到自己的朋友圈中。建立一个这样的素材号或者素材群,可以提高团员的工作效率。需要强调的是,这个素材群或素材号需要有专门的客服来管理。

我们发现,有的朋友做微商做了一段时间,一直没有起色。他们的问题究竟出在哪里呢？其实，我们只要看看他们朋友圈的内容，就能够知道答案了。他们朋友圈的内容基本是从别处复制来的，他们发布的都是一些没有内涵和深度的东西。所以，当你进了他们的朋友圈，就感觉像进了一座死城，死气沉沉的。其实他们自己也不愿意看自己的朋友圈。如果连你自己都不喜欢自己的朋友圈，那么别人肯定也不会喜欢。

有的朋友以为做微商就是天天发广告，以为这样就可以把产品卖出去，哪儿有这么简单，如果真这样，那就人人都发财了。

太多做微商的朋友都在重复犯着这些错误，浪费时间！

那么，我现在就讲一下微商团队经营朋友圈的七点要素：

一、客户见证

简单地说，如果产品卖出去了，你要把成交的过程以截图的方式晒到朋友圈里，让朋友圈的其他微信好友都知道你卖出了产品。人是有从众心理的，他们一开始可能不相信你的产品会有人买，但是当他们见到那么多人买了你的产品，越来越多的人使用你的产品时，他们就会慢慢开始相信你的产品，这样当他们有需要的时候就会购买。

二、代理见证

微商团队中有很多做产品代理的朋友，这些朋友可以把自己因为代理某款产品而赚的钱的信息截图也晒到朋友圈上。有的产品代理十分努力，也十分成功，因为做了微商，很快就买车了，这些信息也都要分享到朋友圈中。

三、发布真实生活场景

我发现有很多微商在朋友圈只会发布产品广告，不会分享自己的生活内容，这种做法是错误的。当你分享自己的生活内容的时候，别人对你的信任度会大大提高。如果你一点儿也不分享你的生活内容，别人会觉得你很难接近，所以一般也不会信任你。

我建议微商要注重通过自己的生活和情感内容来吸引客户，增强客户对自己的信任感。一般来说，你需要每天在你的朋友圈里发布一条有关生活的内容。

当然，你还可以在朋友圈里分享来自客户对产品的体验反馈、你的团队的风采、你的接单情况，总之，要把你的亮点分享给别人。

四、提供价值

我们要知道，除了你的朋友以外，别人关注你的微信的根本原因是你能够提供价值，所以，你需要强化这点。你要知道客户经常关心的问题。如果你懂这些问题，那么就要把自己的答案分享给别人。比如，你曾经从事保险行业，就可以为客户提供相关问题的帮助。很多客户会关心如果遇到意外怎么理赔的问题,还有买什么保险费用最低、保障最大,以及小孩买什么保险最好、六七十岁的老人买什么保险最好。这些问题都是大家非常关心的。对于这些问题,你比别人更懂。那么,你就可以把自己对这些问题的见解分享到朋友圈,为朋友圈的微信好友提供帮助。当然,对于那些你不懂但大家都关注的问题,你也可以将你看到的对这些问题的解读文章分享到朋友圈。这样的话,客户就会慢慢养成愿意去看你发布的信息的习惯,并且不再反感你发布的广告。

朋友圈里发正能量的信息

五、打品牌要造势

举例来说，可以在一个高档的酒店举行年终分红大会，然后把现场图片发布到朋友圈，这可以起到造势的作用；有同事因为做微商买了一辆豪车，可以把相关照片发布到朋友圈造势；当开千人大会时，也可以把现场图片发布到朋友圈。总而言之，我们要让别人觉得我们的团队是有实力的，而且我们是一个成功的团队。

六、收款截图

这是一个使得潜在客户对你的产品产生信任感的方法。很多人都会有从众心理，看到别人买了我们的产品，自己也会跃跃欲试。除此之外，我们展示出的收款截图也可以吸引更多人加盟我们的团队。

七、小视频

这是我的一个小窍门，我发现有时候视频比文字更有说服力，有一些"视觉型"的人比较喜欢看视频，而不是看繁杂的文字。所以，我们可以把工作的过程或片段拍成小视频，然后发布到朋友圈。

除此之外，有时候微商团队会统一发布朋友圈信息，为了使得操作过程更加简单，我们可以用一些软件对微信朋友圈内容进行转发。

最后说明一下，参与感对于经营朋友圈也非常重要。如果我们很努力地

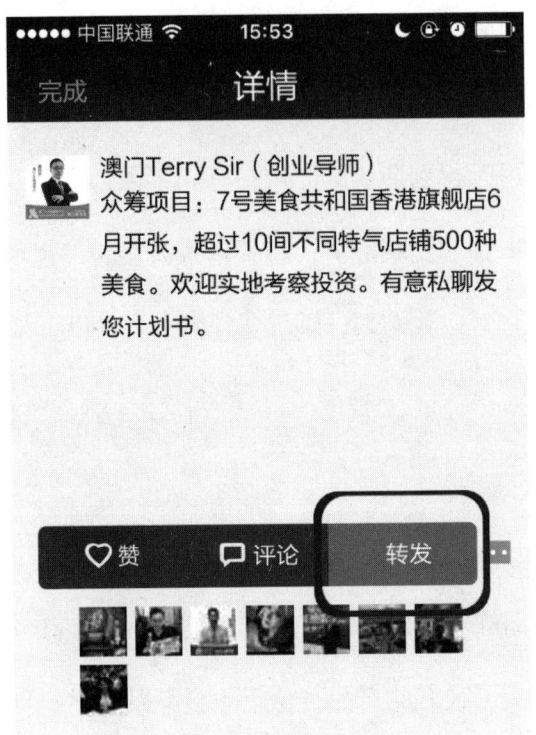

微信朋友圈转发界面

经营朋友圈，但实际效果却很差，那么就需要关注一下自己与微信好友的互动频率。有的朋友不怎么和微信好友进行互动，这是他们失败的原因。我们需要通过与微信好友进行互动的方式来增进彼此的认识。

我建议，在朋友圈发布的信息和内容不能太严肃，要娱乐化。因为微信朋友圈是一个社交圈，我们都知道朋友之间的交往如果过于正统，太过正经，那就缺乏趣味了。

微商讲课技术

一、微商培训体系

前面讲了我们要建设培训体系，这就意味着我们需要学会讲课。为什么要学会讲课？因为这样可以增加我们的可信度。怎么讲课呢？基本的方法就是熟能生巧，除此之外，我们还可以模仿对手讲课。下面讲一下微商讲课的五个步骤：

（一）不要犹豫，直接讲课

首先，大家在讲课的时候一定要有胆量。不用犹豫，直接讲课！只要你敢讲课，就有人敢听。你不用担心讲课技巧，因为讲课是一门熟能生巧的技能，讲多了你就会了。你需要注意的是，无论你的课怎么讲，用哪种形式讲，你都要记住主题！

一般来说，每堂课都有一个主题，比如你的主题是要分享"如何创造价值"，那么你只要把你知道的知识讲给大家听就行了。

当然，在讲课的时候，我们要讲那些人们想知道的东西。如果你讲的东西不是别人想知道的，那么你讲的内容就没有意义了。对于微商的课程而言，不需要有华丽的辞藻，你要做的只是让别人喜欢和相信你讲的内容。

那么，我们应该怎么做到这一点呢？我发现，有些朋友讲课的时候都是讲那些和别人一模一样的内容。当别人发问的时候，他就不能解答了。

所以，我建议，你要对微商有足够的了解。很多有丰富经验的微商在和别人聊天的过程中，就能看出谁是微商新人，谁是微商"老兵"，你要做的就是达到这种程度。

但是，有的朋友觉得达到这个程度比较困难，但是我要告诉你，人都是被逼出来的。我身边有很多朋友，他们没有什么学历、文化，却一个个都很成功。他们为什么会成功呢？很简单，因为刚出来打工的时候，他们没有学历、没有资源、没有人脉，他们要生存，被现实逼着全力以赴。在不知不觉中，他们就学会了一个道理：当一个人无路可走时，就必须全力以赴。这就是他们的成功秘诀。

（二）讲别人不懂的知识

对于微商新手，我建议多去看一下营销方面的知识，如果你能讲出别人都不懂的知识，就会给人留下你非常厉害的印象，我们要的就是这种效果。

顺便再教大家一点，目前很多人对一些新名词、新产品完全不了解，比如，什么是直销，什么是传销，什么是分销，以及O2O、B2C、B2B、F2C分别是什么……我建议你们多搜索一下相关的内容，然后把这些东西都理解了，最后用自己的话说出来。

这样我们就可以把别人不懂的东西讲明白，会给别人一种专业的印象。

（三）找到听课学员

你可能会问一个问题，哪里有想来听课的学员，我找不到学员，找不到听众。

其实很简单，你在微信群、QQ群里就可以找到学员。也许你第一次讲课的时候，只来了5个人听课，但你也要讲。当你讲多了，也就熟能生巧了。慢慢地积累，来听你上课的人数就会越来越多。

（四）收费

讲课一段时间后，你必须开始学会收费，也就是说，那些来听你讲课的人不能白听，你要向他们收费。也许你可能会有所顾虑，但我告诉你只要你敢这样做，别人是不会在意一点小钱的。而且，如今微信支付非常方便。

还有人可能会说，如果学员是我的团队成员呢？我怎么可以向他们收费？但是，我建议你照样收费。如果他们来听你讲课，你可以提高他们的职位。

通过类似的方式，你们的关系会更加牢固。

关键是，通过收费你才可以知道你的讲课水平到底是怎样的，当你的讲课水平很高的时候，你收到的听课费就会比较多。

（五）及时总结

当你讲完一堂课后，你一定要第一时间做总结，不要等到几天以后或者一周后才去做总结，到那个时候，你可能就会忘记了。切记，要多从失败中总结出经验教训，长此以往，我们才能成功！

二、重复以上步骤

这个世界最恐怖的两种力量是：潜移默化的力量和日积月累的力量。还是这句话，学一万招不如把一招练一万遍。不管你学什么，通过反复练习，反复操作，就能够熟能生巧，离成功越来越近。

通过这5个步骤的学习，你就能够成功地学会讲课了。

案例篇

如何利用微信精准营销成为行业第一
如何利用逆向思维与客户批量成交
如何在朋友圈晒恩爱与女粉丝成交
如何利用红包参与法激活朋友圈
如何利用赠送策略进行融资

如何利用微信精准营销成为行业第一

我有一个学员,他是精通"自我营销"的人,他短短十天内通过微信营销把自己的项目做成了行业第一。在我的所有学员里,他是最成功的微商。

这个学员做的项目是"代办中国驾驶证"。由于澳门人只有澳门地区的驾驶证,如果澳门人想要开车到内地,需要通过内地的电子笔试。澳门地区大概有 20 万名有澳门驾驶证的车主,我的这位学员就看中了这个商机。

首先,他是怎么找到这 20 万名澳门车主的呢?下面一步步教大家:

一、利用客源宝寻找精准目标

首先,运用客源宝这个工具把澳门地区的所有电话号码导入自己的手机,然后微信系统就会提醒我们有多少个微信好友可以添加。另外,还需要招聘一名客服人员，客服人员会帮助你把所有的微信好友分为男人、女人、老人、小孩等类别，这样便于我们管理和精准营销。

二、抽取号码，群发短信

找到可以进行精准营销的对象之后就通过群发短信的方式对这些人开展营销活动。如果发出了1000条营销短信，有20多个人打电话咨询，那么，说明我们的方法是正确的。

三、发红包给成功考到驾照的人，然后主动要求他向其他人推荐

一开始的时候，成功的单子可能比较少，但任何一个因为我们的服务而

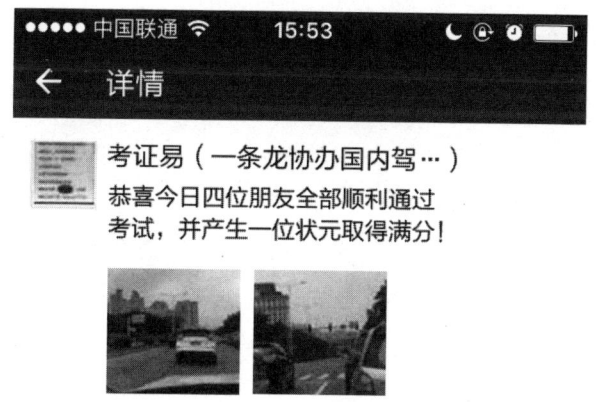

微信朋友圈

考到驾照的人都会愿意向其他人推荐我们的公司。所以,我们可以要求客户向他的朋友或家人推荐我们的公司,当然,我们需要发点红包给他们,以激励他们。

如何利用逆向思维批量成交客户

很多时候,我们需要运用逆向思维。我的一个学员就运用逆向思维获得了成功。那么什么是逆向思维呢?我举几个例子帮助大家理解。

案例一:

澳门有一家超市发售礼券。我们知道,一般来说,大家不会批量地购买超市的礼券,除非过年过节。大部分人如果购买礼券,只会购买一两张。

这家超市是我学员的朋友开的,我的学员就想帮助他的朋友。他用了这样一种方法,他在微信朋友圈里发布了一条消息:1—20 张打 9 折,20—500 张打 9.5 折,501 张以上打 9.7 折(买的越多,折扣越低)。设想一下,当你看到这条消息,你会怎么想呢?我们每一个人都想要使自己的利益最大化,

微信朋友圈发布折扣信息

所以,如果我们要买这个超市的礼券的话,肯定一次性购买20张。通过这个方法,大部分人都一次性买了20张礼券。这是逆向思维的一种。

案例二:

网上有一则寻狗启事。内容是:"爱犬'卢克',白色马尔济斯犬,于4月15日下午在莫干山路与萍水街交叉口不慎走失,我现在非常着急,卢克可能往城西银泰城走了,也可能往武林门走了。卢克是我40多年生命中最重要的部分。我愿意用刚订的一套蓝钻天成的房子作为交换,如有好心人寻得,

寻狗启事

求转发
求帮助
卢克，
快回家

爱犬"卢克"，白色马尔济斯犬，于4月15日下午在莫干山路与萍水街交叉口不慎走失，我现在非常着急，卢克可能往城西银泰城走了，也可能往武林门走了。

卢克是我40多年生命中最重要的部分，我愿意用刚订的一套XX房子作为交换，如有好心人寻得，请拍照联系我。

海报信息

请拍照联系我。"

当看见这则启事时，我们的第一反应肯定是这样的：真土豪，居然用一套房子换一条狗。然后，朋友圈里就有很多小伙伴说，不上班了，大家找这条狗去，顿时引起一阵找狗狂潮。

但是，后来我仔细分析了一下，并了解了更多的信息。我发现"寻狗启事"中所提到的莫干山路与萍水街交叉口处正是蓝钻天成的楼盘。我知道，这个楼盘是年初开始认筹的。我们再看启事中提及的"可能往银泰城方向，也可能往武林门方向走了"，这其实是暗示大家：该楼盘的地理位置十分优越。所以，我判断这则启事实际是一则广告。

现在开发商的广告创意真是越来越厉害了,通过这则寻狗启事,开发商在不知不觉中推销楼盘。

案例三:

我发现现在有很多微信群里有这样的信息。如下图:"我加了4500多个好友,都是主动加我的,群里还有谁没有方法的找我。不用软件不花钱,一

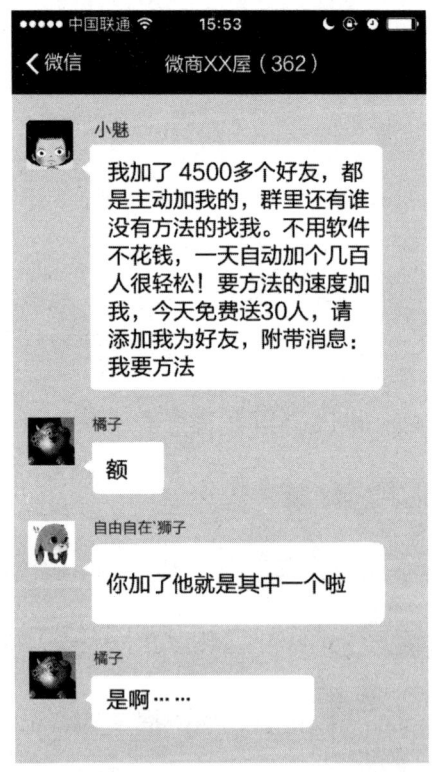

微信群聊天界面

天自动加个几百人很轻松！要方法的速度加我，今天免费送30人，请添加我为好友，附带信息：我要方法。"

这也是逆向思维的体现，因为如果你在微信群里发了这样的信息，那么肯定会有人加你为微信好友，向你请教方法。

这是一个非常实用的案例。只要你把这段文字发到你的微信群里，就会有人来加你。那么，如果他向你请教用什么办法加微信好友，你可以直接告诉他：复制这段文字到你所在的微信群里就可以了。

如何在朋友圈晒恩爱成交女粉丝

我们都知道，一个女人最希望她的男人专一、负责任。我的一个学员喜欢在他的朋友圈晒自己老婆的照片。在他老婆过生日的时候，他还会拍一些现场的图片发布到朋友圈。这样一来，他获得了很多微信好友的点赞和祝福。所以，我们要经常在朋友圈发布有关家庭的图片，要知道那些对自己老婆非常好的男人会更受欢迎。

如果你想吸引你的女性微信好友购买你的产品，或者吸引她们加入你的团队，那必须让她们看到你是一个负责任的男人。打个比方，如果她们面前的合作对象有两个，一个是对老婆非常好的男人，一个是有外遇的男人，那么她们肯定愿意与前者合作。所以，如果你想要吸引你的女性微信好友，就要经常晒自己的家庭生活图片和表现夫妻恩爱的图片。

也许有人要问，我为什么要吸引女性微信好友呢？道理非常简单，因为微商中售卖的爆款产品，大多都是女性用品。

顺便提一下，你该如何打造爆款产品呢？你可以参考以下要素：

1. 这款产品必须是消耗品。

2. 这款产品必须解决客户痛点。

3. 这款产品一定是暴利产品。

4. 定位清晰：比如女性用品或男人用品。

微信朋友圈界面

如何利用红包参与法激活朋友圈

我们知道大家都喜欢参与微信中关于红包的游戏。事实上,通过红包这一媒介,我们可以激活我们的朋友圈。这里还需要强调一下,我们要记住,只有经常与客户产生互动,并使得客户参与到我们的游戏中,客户才会更加信任我们。

那么,我们应该怎么做呢?其实方法很简单,比如,当你在朋友圈发布信息时,可以再加上这样一句话:第八个点赞的微信好友将获得 1.88 元的红包一个,第十八个点赞的微信好友将获得 8.88 元的红包一个……当你这样做之后,你会发现为你这条信息点赞的微信好友的数量会是平时的 5 倍以上。除此之外,你要把发出去的红包的截图也发在朋友圈里。

我们这样做的目的是为了培养微信好友的点赞习惯,这样一来,当我们

微信朋友圈点赞界面

发布其他文章的时候,他们也会习惯性地点击观看。

只要你坚持这样做,以后你发的内容就算是广告别人也都会去看,因为他觉得可能有机会领取红包。

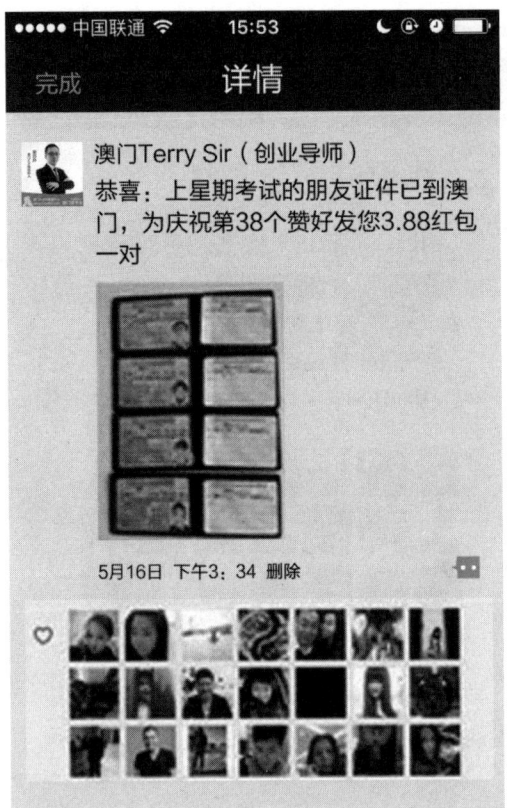

微信朋友圈点赞界面

如何利用赠送策略进行融资

我有一个学员,他的生意做得非常好。他有一个项目,就是在澳门地区代理销售中粮大米。大家都知道,做这个项目现金流是很重要的,因为只要有足够的资金,就能购买更多的货。

我的这个学员用了一个什么办法呢?首先,他在朋友圈发布了一条信息:免费送100个人一包大米。只要到公司领米并拍照,然后分享到朋友圈就可以免费领取一包米。结果,很多人就申请到这个机会,他们领完米后就把自己在现场拍的图片分享到自己的朋友圈。很快,更多人知道了中粮大米。

一个星期后,他回访了这些领到大米的朋友,他问这些朋友:中粮大米好不好吃?大家领取了免费的大米,所以肯定会说好吃。接着,他问他们想不想每个月都领到大米。很显然,大多数人都想要再次领取免费大米。

接着，我的这位学员就告诉他们说："如果你们投资我一万块钱，我每个月就可以送你们一包免费的大米；如果你们投资我两万块钱，我每个月就可以送你们两包免费的大米。"

这样一来，很多人就动心了。最后，我的学员还说："如果你们不想吃我的大米了，你们可以随时拿回自己的钱。"

通过这个办法，我的这位学员很快就融资到300万元。

我们来梳理一下这个案例：首先，那100个人都去了我的学员的公司，且看到了公司的实力。其次，他们领到了免费的大米。通过朋友圈的反馈，他们也认识到中粮大米很有市场。最后，他们知道这个项目的现金流是非常关键的，所以他们理解了我的学员的商业模式。由此，他们很放心地投资了我的学员的这个项目。

所以，当你有新产品上市，或者需要融资的时候，可以参考这个案例。

圈子篇

未来是圈子时代

建立好自己的圈子

一星期内众筹100万元：敏思培训中心

两星期内众筹300万元：七号美食广场

发展你的粉丝：弟子圈

附录："七号美食广场"商业计划书

未来是圈子时代

我告诉大家这样一句话：无圈子，不微商。这句话的意思是如果做微商，你必须加入一个微商的圈子，不管是线上的还是线下的，圈子对微商具有重要的作用。有的微商为什么会经常举行线下的活动，因为他知道会有很多微商的朋友来参加他的活动。微商与微商之间可以相互学习和交流经验，更重要的是大家可以成为朋友。要知道，做微商，人脉就是"钱脉"。

当作为微商去参加一些微商的线下论坛和大会时，你可以借此提升你的名气，并吸引其他微商成为你的微信好友，还可以近距离接触微商圈子里的名人，学习到更多的知识。

　　所以，你一定要尽可能地参加微商线下的集体活动，这种做只会有好处，不会有坏处。

建立好自己的圈子：澳门微商会

读者们，看到这里，我建议你马上建立一个属于自己的圈子，微信群就是一个最简单的圈子。拿我举例，我建立了一个叫"澳门微商会"的微信群。

我建立这个微信群有以下四个步骤：

一、先定位

所谓定位就是要明确你的圈子是用来干什么的，你召集的是一些什么样的人，你想吸引什么样的人加到你的微信群。比如你圈子的定位是投资、理财，那么你就需要找想做理财、投资的人群；比如你圈子的定位是学习、读书，你就要找那些热爱学习、读书的人，邀请他们进入你的微信群；如果你圈子的定位是母婴，你就可以邀请那些准备成为妈妈和已经成为妈妈的人加入你的微信群；如果你圈子的定位是女性护肤，那么你就吸引年轻的女性加入你的微信群……以此类推。

二、拉几个名人

我们都知道名人具有号召力，当你的微信群里有这些人的时候，你的微信群就会更有吸引力。所以，你需要尽可能地邀请那些具有一定知名度的人加入你的微信群。当他们加入你的微信群后，你还需要在群消息中通知大家。

三、制定群规

常言道：没有规矩，不成方圆。所以，我们的微信群也需要有规章制度，比如，不能在微信群里随意发布广告，如果你想发广告，就要发红包……

四、发展群友

当微信群建立后，我们还需要添加好友。简单的方法就是把微信群的二维码发布出去，并通过文字吸引他人加入你的微信群。

当你的微信群达到一定规模的时候，你需要管理你的微信群。那么，怎么管理微信群呢？你可以参考以下的内容：

（一）微信群的基本设置

1.给微信群取一个好名称。需要注意的是，微信群名称的字数不能太多，因为当别人把你太长名称的微信群分享到朋友圈的时候，其他人是看不全微信群的名字的。

2.妥善运用微信群公告。微信群公告是微信的一个功能，你可以通过这个功能发布公告。公告发布后，系统会通知所有人，所有人都会看到你发布的公告。你可以每周或每月更换一次群公告，这样的话微信群里的群友们都会知道群的动态。比如，你可以向群友告知群里最近有什么集体活动等。这个功能非常强大，非常实用，必须妥善运用。

3.如果你是微信群管理员，那么你需要置顶这个微信群。如此一来，每当群里有信息动态，你能第一时间看到并且回复。为什么要这样做呢？因为我们的微信里有很多微信群，这不便于我们管理。作为一个微信群的管理员，必须时刻关注这个微信群。

4.把微信群保存到通讯录。很多人不会保存自己的微信群，以致无法快速找到它。

5.设置群昵称。我们知道，微信群里的群昵称可以修改，如果你在你的群昵称中加上你的产品信息，那么就可以起到宣传的效果。

6.熟练运用"聊天文件"功能。在微信群中有一个叫"聊天文件"的功能，你可以通过它看到群里近期发布的所有图片和视频。

7. 查找聊天记录。如果你想要查找过去的聊天内容，可以运用"查找聊天记录"这一功能搜索你想查找的内容。

8. 设置聊天背景。我们可以设置微信群的聊天背景，当然，别的群友是不能看到你的聊天背景的。不过，当我们在微信群里截图并把截图发布到朋友圈的时候，别人是能够看到你的微信截图背景的。如果你把微信群的聊天背景设置成你的产品广告，就能够起到宣传效果。

9. 群主管理权转让。如果你不想管理这个微信群了，可以把管理权转让给群里的另一个人。不过，在做出这个决定之前，你需要思考清楚。

10. 登录微信网页版。很多人有这样的体验，在手机上打字，会感觉速度太慢，比不上在电脑上打字快。其实你可以解决这个问题，即直接在电脑上登录你的微信账号，然后利用电脑键盘打字、传文件等。

（二）作为管理员，每天早上要在群里发一个"叫醒红包"

我发现，很多人一大早起床后，如果在微信群里看到一个红包，那么他们会非常开心，哪怕只抢到1分钱，他们也会觉得今天是一个吉利的日子。所以，你可以在早上7点或8点的时候发一个红包，而且也起到叫大家起床的作用。

当然，你发的红包不需要太多的钱。比如你有10个微信群，你都是群主，那你每天发一个红包就可以了。你发的红包可以是2元钱，只要你每天坚持下去，就会给别人留下很好的印象。别人会觉得你拥有坚持不懈的品质，这会增强别人对你的信任感。

（三）经常发布一下群规则

制定好群规则后需要每周都在微信群中发布一下，起到提醒大家的作用。当有新成员加入微信群后，也需要发布群规则以提醒他们。有的人不知道群规则怎么写，其实很简单，这里有个简单模板：

1. 禁止发广告。违者第一次警告，第二次直接踢出。

2. 欢迎在群里分享干货，贡献自己的价值。

3. 欢迎你每天在群里发一个小红包，让大家记住你。

4. 当群友有问题提出时，你可以第一时间回应，这可以增强你的魅力。

5. 除了分享干货外，如果你有好玩、有趣的图片也可以分享到群里。

6. 记住友谊第一，因为朋友是我们一辈子的财富！

（四）发现有发广告的，管理员要第一时间按照群规处理

当有了群规则以后，就需要严格地执行。在没有制定群规则的时候，会有很多人在群里发布广告。但是，一旦制定好群规则，这些人如果还一如既往地在群里发布广告，那么群管理员就需要严格地执行群规则了。

（五）当群里有人提问的时候，要第一时间回应

如果群里有人提问，作为群管理员，需要第一时间回复，这是管理员的本职工作。不要小看这一工作，当我们与其他群友互动的时候，其实也是在增强自己的影响力。有些时候，我们还可以巧妙地提及我们的在售产品，这可以起到很好的宣传推广作用。

（六）作为管理员，需要向群友提供价值

当你对别人有价值的时候，别人会信任你，这是非常简单的道理。那么，我教你个小绝招：你可以每天在群里发一些有价值的信息，比如对大家有益的文章等。当群友都习惯看你发布的信息后，你可以尝试发一些"软广告"，这样的话，在潜移默化中，你的产品就得到宣传了。

（七）在群里，要交几个好朋友

在进行群管理的时候，需要几个信任你的群内好友，他们可以辅助你进行群管理的工作。如果群里有人捣乱难以处理的时候，你的朋友就可以出面解决问题。

除此之外，你还可以用一个小窍门提高产品的影响力，即可以让好友在群里主动咨询一些关于产品的信息。由于是别人询问的，你就不用担心违反群规定，在好友询问问题和解答他的疑问的过程中，更多的群友也知道了你的产品。

（八）解决群友最关心的 100 个问题。

归根结底，只要你真正地帮助了群友，他们就会信任你，最后购买产品。所以，你要做的就是尽可能解决群友们关心的问题。

比如，可以收集群里所有人的通讯录，收集好后共享出来，让大家彼此之间认识和相互了解。也可以去牵线搭桥，使得群友之间有工作上的合作。

你需要记住的是，只要付出，就一定会有收获！其实，你可以做的事情是无穷无尽的，但目前只需要解决群友最关心的 100 个问题！

当你不断为微信群友创造价值、贡献价值后，他们就会对你产生信任，那么接下来让他们购买你的产品或者成为你的合作伙伴，就变得非常简单了。还是那句老话，一切成交都基于信任。

一星期内众筹 100 万元：敏思培训中心

现在，我用亲身经历告诉大家，我是怎么帮助我的一个学员用微信在一个星期的时间里众筹 100 万元的。

首先，我们需要了解一下什么是众筹。

一、众筹有两种关系："熟关系"和"轻关系"

"熟关系"的众筹大多是针对熟人开展的众筹，一般来说，熟人对你的信任度比较高，他们投资的金额会比较大。"轻关系"的众筹指的是你在众筹平台发起的众筹，投资者投资你的金额比较少，因为他们对你的信任度比较低，不会选择无条件地相信你。

如果要进行"熟关系"的众筹，一般是通过朋友圈发布信息，吸引微信好友来参与。所以，你首先要做的就是和朋友圈里的好友建立起良好的关系，使他们信任你。

二、众筹分三类：团购众筹、债权众筹、股权众筹

（一）团购众筹：预售，以未来实物作为回报

团购众筹针对的是那些还没有进入市场的创新产品。在京东或淘宝的平台上，我们会发现有一些创新产品参与众筹，其价格都比较低。人们可以根据自己的喜好认筹这些创新产品，在众筹结束后，就可以收到产品。

举个例子，你有一个创新的点子，比如你想生产一款智能充电器，而且你让工厂做出来了。但是，要让工厂批量生产你的这款产品，你就需要大量的资金。那么，这个时候，你就可以采取团购众筹的方式获得足够的资金。为了众筹成功，你可以做一些优惠活动，比如顾客认筹了100件你的产品，你可以送给他一份礼品。

如果想做团购众筹，你可以研究一下淘宝众筹。淘宝的众筹属于"轻关系"的众筹。我们发现，很多电器类产品在淘宝众筹平台获得了成功。所以，淘宝众筹平台更适合那些电器类产品。

有一个案例值得向大家介绍一下。在京东众筹平台，有一款名为"三个爸爸"的产品获得了很大的成功。"三个爸爸"是空气清新器的品牌，它只用了30天就在京东平台众筹了1100万元。

大家可能会疑惑，为什么它叫"三个爸爸"呢？这其中有一段感人的故事：有三个爸爸因为自己的女儿有空气过敏的症状，所以他们决定联合起来研制一款空气清新器，这个故事这感动了很多人，这款产品体现出爸爸对女儿的爱，大家也就愿意投资这款产品。

（二）债权众筹：以利息作为回报

所谓债权众筹，即投资者对项目或公司进行投资后，根据投资金额获得一定比例的债权，未来可以获取利息并收回本金。简单来说，就是我资助你，然后你还我本金和利息。

我的一个学员就通过债权众筹获得了成功。他的公司名字叫"敏思培训中心"，前期的时候，他来询问我怎么做众筹。我就建议他通过债权众筹的方式邀请网友投资他的项目。我跟他说："只要你的这个项目能够保证投资者获得相应的回报即可。"

那么具体的方案是怎么样的呢？我们的方案主要有两方面的内容，一方面是投资者可以获得高利息收入，比如投资者投资10万元，那么一年之后就可以得到12万元。当然，这还不足以吸引人。另一方面，如果投资者介绍学员购买我们的培训项目，他就可以获得佣金，原则是多劳多得。这一方案实际运用的效果十分好，仅用了一个星期，我们就众筹了100万元。

债权众筹里还有一种叫消费股东的众筹模式。

我有一个韶关的学员，打算开素食店，在素食店没开张前，他就通过这种模式积累了50个投资股东。

他的做法是这样的：如果你投资他1万元，你就可以在他的店里消费1.2万元。然后，在素食店进行季度营收总结的时候，投资者可以获得季度利润的一半，直到投资者拿回自己投资的1万元。

这样的话，投资者在投资后就可以拥有1.2万元的消费券，这样在收回本金后就相当于赚了1.2万元。除此之外，我的这位学员还向每个投资者赠送了价值数千元的大礼包。

就这样，他的素食店还没有开张就已经有了50名投资者。我们可以想象一下：由于这50名投资者能够参与素食店的分红，因此他们也会为素食店的生意出谋划策，他们会招徕他们的亲朋好友来素食店消费。所以，这是一个非常棒的案例，大家可以参考一下。

（三）股权众筹：以项目收益作为回报

股权众筹是指募资人通过平台集合众多个人投资者或者小额投资，以支持其创业经营或其他社会事业的新型融资模式。我在香港投资的七号美食广场就是通过这种模式在两个星期内众筹到了300万元，之后我会有详细介绍。

三、如何进行众筹

在对众筹有一定的了解后,现在我教一下大家如何进行众筹。

(一)先定位

我们要找"风口"产业,做"风口"产业更有容易成功。

以下都是一些风口产业:

1. 科技产业

2. 文化产业

3. 健康产业

4. 农业产业

5. 电商产业

6. 金融产业

除此之外,我们要善于发现处在"风口"的产业。举例来说,澳门特区政府于2014—2016年为每位15岁以上的澳门市民都提供了6000元的学习费用。保守估计,这是一个超过20亿的市场。所以在澳门,教育事业也是"风口"产业。

(二)确定产品形态

只有创新的产品和具有唯一性的产品才能吸引投资人,这样才有卖点。

（三）确定营销策略

在众筹的过程中，我们需要思考营销的策略。举例来说，如果产品是网络课程，那么我们的营销策略可以是提供免费试听的机会，这样就可以吸引到很多人，只要我们的课程对他们有价值，他们就会接着购买。

（四）确定回报机制

我认为回报机制最好是零风险的。以"敏思培训中心"为例，不论公司是亏还是赚，投资者最低都有10%的回报。如果投资者想赚得更多，他可以介绍学员过来，这样最高可以获得30%的佣金。

（五）确定股权结构

在进行众筹的时候，众筹者需要让投资者清楚地知道——他们投资的金额所占的公司股份、公司的股权结构，以及公司上市之后他们可能得到的巨额回报等。投资者需要知道这些信息和具体的数据以及来源，这有助于他们做出正确的判断。

四、众筹的五个步骤

当有了众筹计划书后，就可以按以下五个步骤开展众筹。

（一）邀约

邀约好友来了解你的项目，吸引他们关注，要说服这些人相信你的项目，并有意愿投资你的项目。

（二）建群

建立一个微信群，把有意愿投资你项目的人拉进这个微信群，方便募资人与投资人之间的沟通交流。

（三）问答

在微信群里耐心解决所有人的问题。

（四）限时考虑

如果一切都顺利的话，众筹项目就可以启动了。如果还有部分投资人不能确定的话，不妨延长一段时间，让他们继续考虑一下，但要限定时间。同时，附上投资者的汇款截图，这就是限时考虑，可以令大家产生紧迫感。

（五）成功众筹

两星期内众筹 300 万元：七号美食广场

"香港七号美食广场"是我与 Joe 在合作 5 年之后又一个成功的项目，你知道一个项目成功的前提是什么吗？是一份商业计划书。我认为，一份好的商业计划书应该具备以下五点：

一、市场痛点

只有把握市场痛点，我们推广的项目才能更加吸引人。以美食广场为例，为什么美食广场有人投资？那是因为不管经济形势是好是坏，人们都是喜欢美食的。而且，即便经济形势不好，中低价的美食还是非常受人们欢迎的，而我们的美食广场就是用中低价的美食来吸引消费者。现在经济大趋势下行，所以中低价的美食特别受欢迎，而且我们美食广场里的美食多种多样，有来自内地各地区的美食、泰国的美食、日本的美食、韩国的美食……不用远行，消费者就可以享受各种特色美食。

二、解决方法

我们需要让投资者理解我们的商业模式。通过分析香港每个地区的人口和消费状况，使投资者直观地看到美食广场的市场前景。

三、运营基础

在商业计划书中，我们需要尽可能详尽地介绍公司的状况，比如运营项目的负责人、预计回报率、团队状况，等等。

四、融资计划

在商业计划书中，融资者需要告诉投资者公司将出让多少股份、需要融资的金额、融资成功后的资金使用方法、预期的效果，等等。

五、结尾

在计划书的结尾，我建议融资者写一句富有情怀、升华主题、暗示投资人赶快行动的话。

附录："7号·美食共和国"商业计划书

一、共同寻找商机

1.1 集团介绍

香港优质商号协会(官方网站：http://www.hkqb.com.hk 及 http://www.happybuy.com.hk）于2006年创办，宗旨是团结香港、澳门等地区优质企业，为企业提升形象及行业竞争力，创造机遇；协会内的知名企业会员不计其数，其中，餐饮业会员超过350家，包括八方云集、Pepper Lunch、谭仔三哥米线、新斗记、麦奀云吞世家、兰芳园、妈咪鸡蛋仔、Hungry Korean、李家、山头火、汉阳苑韩国料理、明洞Express、喇沙王、椰林越南菜馆、金香泰菜、梁山泊日本料理、渔民乐鱼汤米线专门店等；其他行业知名企业会员包括德国宝、屈臣氏、余仁生、日本城、威马、天利药业、海天堂、OSIM、Dr. Kong、OTO、衍生行、及时雨信贷等。

自创立至今，协会与商界有着紧密联系和合作关系，创造了多项生意渠道，当中包括举办公众及业内展览会、企业招聘会、商界企业交流会等，担任创业及业务发展顾问，协助企业进行公关及市场推广等，在过去10年间，建立了庞大的人脉关系及商业资源与网络。

1.2 联合饮食界精英发展"星级"美食广场

会长兼创办人张维乐先生在香港饮食界经营超过15年，对于业内经营环境、周期变化、营运管理及业务发展等都拥有十分丰富的经验，其经营的类型包括餐厅、西餐厅、工商业区食堂、美食广场、甜品店、火锅店、日本料理、港式粉面、上海菜、法国菜、小食等。

经详细了解他们的餐厅与美食广场的营运数据及发展历程后，我们发现在香港创立一个美食广场的连锁品牌，是一个极具发展潜力及挑战性的项目。因此，我们联系饮食界朋友组成发展顾问团队，通过他们宝贵的人际关系及各种资源，协助我们创办"7号·美食共和国"。

1.3 公开招募20位有意创业及投资人士

让有意创业及投身餐饮业的人士，以一个可进可退机制的形式加盟，除预计能够获得意想不到的股东收益外，从装修工程、营运管理到培训、预算采购、成本控制、分店扩展、品牌建立，都能以创业者及股东的身份全程参与体验。

二、7号·美食共和国介绍

2.1 简介

2.1.1 介绍

传统的美食广场一般都设在购物中心内，凭借我们对餐厅、饭堂、甜品店、美食广场经营的丰富经验，以及强大的饮食界人际网络，我们计划将传统的美食广场普及化，在香港工商业区、住宅区、旅游旺区等地区内，开设更具卖点及更智能化的星级美食广场，名为"No. 7. Tasty Channel 7号·美食共和国"，并搭配星级外卖服务，使无论是想解决工作餐的职员或住在附近的市民，都能够在我们的"7号·美食共和国"吃到最想吃的食材。

此外，近年零售市场转差，在这租金下滑及议价幅度更大的时期，我们能够显著降低租金成本，凭着饮食新概念创造黄金机会；另一方面，对于进驻"7号·美食共和国"的加盟餐厅来说，只需以五分之一的开业成本，便能够扩充业务开设分店，大大降低创业风险。

我们深信现在是以新概念发展"7号·美食共和国"的最佳时机，参与者将获得优质稳健的投资策略，更让有志创业的人士以低成本高效益的加盟方式，学习管理与营运大型餐饮业连锁店的方法及经验。

2.1.2 加盟餐厅种类

接受近年较受香港人欢迎的餐厅、餐种进驻，包括：韩式、日式、泰式、越式、星式、马式、台式等；铁板饭、米线、港式烧味、咖喱饭、粥粉面、西餐、健康沙拉鲜果面包等，以及中国地方菜式，如湘菜、京菜、川菜、粤菜等。

2.1.3 首间鲗鱼涌太古坊旗舰店介绍

旗舰店名称：7号·美食共和国-太古坊旗舰店

地点：香港鲗鱼涌英皇道971号英皇大楼2楼全层

营业时间：7:30至21:30

店铺面积：13000平方尺

可进驻餐厅数目：8间餐厅及2间休闲小食店

预计座位数目：360个

预计每天外卖数量：250-300人次

预计每天点餐数量：2000-2500人次

平均午餐餐品售价：45-65港币

确认加盟餐厅餐种类型：

韩国菜 / 台湾菜 / 铁板饭 / 蛋包饭 / 米线 / 港式烧味 / 印度咖喱 / 日本菜 / 星马菜

备注：水吧由"7号·美食共和国"营运

2.2 创造卖点及特色

2.2.1 将商场的美食广场发展到一般工商业住宅区

在香港，经营购物中心内的大型美食广场具有很大的优势，原因是商场内逛街的顾客及商户众多，亦较集中，因此有很高的客流量，所以我们将在香港的一些工商业区开设"7号·美食共和国"，既有上班一族的庞大人流，亦有当地的居民成为长期客户。

2.2.2 创新的市场推广策略，发展连锁品牌

展开完善的市场推广计划，致力打造一个受欢迎的饮食连锁品牌；

注重"服务口碑",让顾客产生亲切如家的感觉,使其成为长期顾客;

定期推广各国特色美食并设立"试食日",让顾客免费品尝;

设立会员积分制,建立庞大的会员资料库,以便日后进行针对性的宣传,以积分换取优惠及礼品,鼓励会员持续光临;

开展"扫一扫·大放送"活动,会员在推广期内光临只需扫一下二维码,便有机会免费用餐及获得丰富奖品;

引入深受香港人欢迎的"米芝莲"星级小食,在店内限期、限量发售,吸引食客,增加流量,提升我们的品牌形象及知名度;

利用多个电子推广渠道与顾客产生互动,提高顾客对我们的认知度;

发布新闻稿,宣传推广"7号·美食共和国"。

其他市场推广策略:

"太古坊租户员工惠顾大行动",为众多企业员工提供优惠;

长者、学生等群体优惠;

企业包场、会议服务;

每月7号为"美食共和国"的优惠日;

会员制度及奖赏;

多个节日优惠及折扣,配合店内装饰布置;

进驻餐厅可提供多国套餐并有优惠,顾客可一次品尝多国美食;

与餐饮网站、旅游及饮食杂志合作,提升品牌形象;

与不同领域之品牌合作,推出新产品,以发掘新客源及增加市场渗透率。

2.3发展潜力

2.3.1 与传统的美食广场比较优势

"7号·美食共和国"就如美食展览一样,顾客在美食展内看见各国美食,必然会找到一款喜欢的美食,今天来吃韩国菜,下次再来时,仍然可以找到适合其口味的其他国家的菜式。

只要我们能够给顾客提供多元化的餐种选择,保持优质的品质与味道,并采取创新的营运管理与市场策略,必定能提高顾客的忠诚度,使其长期光临。因此,经营这个项目的风险系数比其他一般饮食业及零售行业的相对更低,但回报却更稳定,是一个适合长线发展的理想项目。

2.3.2发展潜力及前三年发展目标

前三年发展目标:

我们计划于2016年6 月开设首间"7号·美食共和国"旗舰店,在试营业期间，总结经验，制定总店日后的发展策略；我们预计于3年内共开设11间分店，营业总额超逾6亿港元，纯利逾1亿港元。

在未来，我们将会在饮食业界朝着多方面发展，如下

7號美食共和國	其他美食广场	独立经营餐厅
地利 重点在人口密集的工、商业及住宅区内开拓面积1.3万平方米的分店顾客号召力更强	地利 主要在大型购物商场经营	地利 因租金成为影响铺位主要建立在二线地段规模较小
特质 创新经营美食广场连锁品牌以大众化价钱、多元化国际美食、大规模及强大市场推广团队集于一身	特质 以传统的经营管理为主	特质 单一类别菜式
运营成本 只需一个加盟费用及每月行政管理费用，便可减少所有收银、清洁及楼面等人力成本及宣传费用开支，以过万尺面积规模运营	运营成本 加盟成本及每月开支比我们高出2至3倍	运营成本 无论申请牌照、装修、租金及按金、人手、餐饮系统、宣传等庞大开支都要自付
开支费用 一次性加盟费用：港币30至港币40万 按金：港币15至港币20万 每月行政管理费用：港币4至港币5万 出牌：港币3万 厨房装备：约港币8至港币10万 预计回本期为7至8个月 费用需经评价后确认	开支费用 一次性加盟费用：港币40至港币50万 按金：港币40至港币50万 每月行政管理费用：港币14万起 出牌：港币3.5万 厨房装备：约港币8至港币10万 预计回本期为12至18个月	开支费用 以1500尺及我们开设的目标地点计算预计开业成本为港币150万 预计回本期为12-24个月
市场推广 为发展"7号·美食共和国"连锁品牌，每月利用逾10万元进行各项创新的市场推广策略	市场推广 没有太多市场推广活动	市场推广 没有太多市场推广活动

"7号·美食共和国"与传统美食广场优劣对比图

将"7号·美食共和国"由香港扩展至澳门地区及中国内地；

进驻中港澳大型购物中心及澳门大型酒店内；

设立自己品牌的餐厅、私房菜及糖水店，并独立营运；

与大业主合作，在旗下物业开设"7号·美食共和国"。

我们寻找理想的开业地点，注重以下因素：

1. 地区人口密度；

2. 工商业区及住宅区两者并存；

3. 符合租金、店内座位与预计营业额的标准比例；

4. 店铺内具有可供营运餐厅的元素；

5. 附近地区的竞争程度及推广难度。

目标开业地点：

油尖旺、官塘及九龙湾、黄大仙及新蒲岗、荃湾。元朗、湾仔及铜锣湾、屯门等地。

三、有关"创业加盟计划"

3.1 "7号·美食共和国"每间分店每月营运预算，以太古坊旗舰店为例。

店铺面积：13000平方尺

加盟餐厅数目：8间

座位数目：360个

每天顾客流量：2000人

每天外卖服务流量：250个

3.2前三年发展及盈利预测

店内每月开支项目	收入（港币）	支出（港币）	每月每店盈利（港币）	总额（港元）	纯利（港元）
1.每月加盟餐厅营业额	2,625,750				
2.每月水吧营业额	296,700				
3.每月外卖服务营业额	346,950				
4.每月加盟餐厅及其他费用	362,000				
5.每月加盟餐厅退回营业额		2,084,850			
6.每月水吧食材开支		72,630			
7.每月外卖服务开支		274,080			
8.每月店内人手开支		239,000			
9.每月店内其他开支		152,000			
10.每月铺租（预计数字）			200,000		
办公司每月开支项目				635,840	
1.每月写字楼人手开支		130,000			
2.每月市场推广开支		50,000			
3.每月写字楼租金及其他开支		30,000			
总开支					
办公室开支会随着分店增加而降低平均成本				425,840	
预计每店每月					210,000

前三年收入与支出预测图

	分店数目（个）	营业额（港币）	减除加盟餐厅退回应得营业额及自家食材开支后毛利（占营业额62%）（港币）	减除办公室、宣传推广及业务扩展开支（港币）	股东可分红预计纯利（港币）
2016年	3	63,200,000	39,184,000	18,173,219	5,842,781
2017年	7	192,900,000	119,598,000	44,150,137	29,151,863
2018年	11	352,900,000	218,798,000	71,320,524	62,781,476
合共：		609,000,000	377,580,000	133,643,880	97,776,120
2019年	11	440,000,000	272,800,000	88,148,896	79,051,104

前三年盈利预测图

3.2.1 前三年开设分店时间表预算

店 数	时 间
第一间总店	2016年6月
第2间分店	2016年9月
第3间分店	2016年12月
第4间分店	2017年3月
第5间分店	2017年6月
第6间分店	2017年9月
第7间分店	2017年12月
第8间分店	2018年3月
第9间分店	2018年6月
第10间分店	2018年9月
第11间分店	2018年12月

前三年开设分店时间表预算

3.2.2 前三年盈利预测

集团将利用纯利的部分作为业务发展开支用途，第一年为纯利50%，第二年为纯利30%，第三年及以后每年为纯利20%。开支比例如做出调整，将另行通知加盟者。

3.3 加盟金额比例及分红预测

集团订立的三年目标是以预计纯利即2500万港元的4倍作为股权价值，也就是说，如我们能够达成三年预计纯利港币1亿元，即参与人士的加盟股份价值增值了约4倍。

注：以上特别条约均以以下内容作延长发展期的免责因素，包括天灾、战争、爆炸、火灾、水灾、罢工、严重传染疾病、政府行动或监管等。

参与者加盟金额		每年分红预测			
加盟计划	入股加盟费用（港元）	2016年（港元）	2017年（港元）	2018年（港元）	2019年（港元）
计划A	62,500	14,607	72,880	156,953	247,034
计划B	125,500	29,214	145,759	313,907	494,069
计划C	187,500	43,821	218,640	470,860	741,103
计划D	250,000	58,428	291,520	627,814	988,138

参与者加盟金额与分红图

其他细则：

1.此计划书是集合饮食界及业务发展推广的专才和集团发展团队以营业中的各类型餐厅为基础评估而来，具一定的参考价值；

2.我们将会在第一年营运后分红，并举行周年大会，从第二年营运开始，每半年分红一次；

3.参与者的股份在前三年发展期内不可转让及变卖，以免影响整个发展计划；

4.所有货币单位以港币计算；

可进可退的加盟机制：

为增强参与者的信心，在三年发展期内如未获得相等于原有加盟金额的花红，参与者可在三年发展期后的一年内申请退出加盟计划及退股，并拿回原有加盟金额，余额扣除已派花红，此条约将订立在具法律效力的正式合约内，以保障加盟者的利益。

3.4 参与者可享用的其他福利

1.获得"7号·美食共和国"之营运报告及分析，让有意创业的人士学习餐厅的管理运营；

2.直接与会长张维乐先生透过电邮或微信交流营运及发展意见；

3.获知业内的发展动态、未来市场趋势等；

4.获得本协会内具有丰富营商经验的股东及业内资深会员的创业建议，也可将其作为自己的顾问团队；

5.出席定期举办的股东周年大会及会员聚会，认识不同领域的人士，以扩充人脉，共同寻找发展商机；

6.加盟"7号·美食共和国"，优先成为进驻餐厅；

7.透过本协会及"7号·美食共和国"的资源和其他行业人士建立各项可营商发展的项目。

3.5 加入形式及程序

所有参与者将会按参股比例成为香港优质商号创业（香港）有限公司的股东，而香港优质商号创业（香港）有限公司是"7号美食集团有限公司"的大股东之一。每位加盟者均将签署一份具香港法律效力的股东加盟合约，获得法律保障。

加盟程序：

1.详细了解"7号·美食共和国"创业加盟计划；

2.评估投资能力及可承受风险，再决定加盟计划类别；

3.填写"7号·美食共和国"创业加盟计划申请表格；

4.签署"7号·美食共和国"加盟合约及股份转让文件,并缴付加盟费用。

如有任何问题或想正式加盟"No. 7. Tasty Channel 7号·美食共和国",请即致电本会负责同事;

香港优质商号协会
Association of Hong Kong Quality Brand
7号美食集团有限公司
No. 7 Catering Group Company Limited

发展你的粉丝：弟子圈

在中国文化里，我发现最紧密、最稳固的圈子就是弟子圈，或者叫师徒圈。所以，只要你用心经营弟子圈，并不吝于贡献价值，在付出努力后，你的弟子就会成为你的粉丝，粉丝最终会成为你的加盟商或股东。

我也用了一招"师道计"来发展自己的粉丝。

"师道计"的重点就是经营人的归属感。做微商，其实就是跟很多人建立密切的关系。我觉得师徒模式是最好的。因为不管是什么行业，比如理发行业、厨师行业，等等，都有一个个小圈子，这些小圈子的师徒关系都非常稳固。事实上，中国人都有一种"师徒情怀"。

"师道计"的关键是帮扶机制。微商的成败得失，都离不开团队成员之间的穿针引线。每一个人都是这个团队的"细胞"，是团队的有机组成部分。

只有每一个个体都充满生机和活力,团队才会有较好的经济效益,才会有旺盛的生命力,才能展翅腾飞,迅速发展。所以帮扶机制非常重要,我们需要通过强者帮助弱者,使得弱者变强、强者更强。

建立帮扶机制需要解决两个问题:精神纽带和物质纽带。我们要建立起师徒间的精神纽带,所以要举行简单的拜师仪式。除此之外,我们还要打造利益共同体。

以下就用我的例子做个说明:

我在2016年开始招收弟子,要求如下:

1. 待人真诚的人

2. 言而有信的人

3. 有感恩心态的人

4. 有付出心态的人

5. 愿意学习的人

拜师费用为1万元(先付5000元,一年内帮你赚到2万元以上之后再付余款)。

问:学什么?

答:会的都教你。

问:赚不到怎么办?

答：可退还 5000 元，就当有个傻瓜免费给你上课同时扶持你一年吧。

我们会举行隆重的拜师仪式，弟子在付款后、未拜师前都可随时退出。这可以满足我的弟子的精神需求，而帮助弟子赚到钱后才要求他们付余款，则是满足弟子的物质需求。只有将精神需求与物质需求结合起来，我才能获得弟子的信任。所以，其实做微商也可以用这一招，先让客户交一部分定金，之后再把余款付给你。

内地微信创富经典案例

二维码营销

漂流瓶营销

朋友圈营销

微信公共平台

微信会员卡

二维码营销

内地的互联网行业发展很快,在一些领域已经赶超欧美了。我是一个好学的人,好的东西自然要学习,所以我找到一些自认为内地比较经典的案例介绍给大家。我相信,这些内容是值得大家学习的。

在 2012 年广州网货交易会上,有一家公司的活动非常引人关注,这家公司叫美诺彩妆。据相关资料,美诺彩妆品牌创立于 2005 年,是汕头奇伟实业有限公司旗下的领军品牌,产品畅销美国、英国、法国、日本、东欧、非洲、中东、迪拜等国家和地区,是广东省著名的化妆品品牌。

那么美诺彩妆是怎么样做二维码营销的呢?在广州交易会上,美诺彩妆为分销商们送了一个大大的福利,那就是发钱。有这种好事,到底是怎么回事呢？原来美诺彩妆突发奇想，为分销商们派发美诺独创的美诺财富币。这种美诺财富币借鉴了国外货币的造型，独具创意，而且将美诺品牌标识和二维码恰当地结合在一起。分销商拿到越多的美诺财富币，就能享受越多的折扣优惠。通过手机扫描和收藏美诺二维码，就可以获得百元美诺彩妆淘宝天猫商城的兑换券。

分销商们还可以在现场登录美诺天猫商城，了解美诺彩妆品牌、产品等详细信息。通过美诺财富币，不仅分销商们得到了实惠，美诺彩妆在宣传上也出尽了风头。

2013年国庆节期间，高约23米、宽约22米的巨型二维码广告悬挂在沈阳最热闹的商业街中街的十字路口，这一景观一下子引起了人们的热烈讨论，

在微博、论坛上,"中街神秘二维码"、"巨型二维码亮相沈阳"等关键词成为热搜词。这很了不起,大的东西总是先引起人们的关注,小的东西没有这种影响力。这个创意总的来说不是很新,但能够起到很明显的效果。

在这幅巨型的二维码广告上只有简简单单的一句话,简洁有力,而且在颜色上用了国庆节流行的红色,非常引人注目。

人们扫描这个二维码后,会进入一个名为《最美的》的手机时尚杂志,杂志的内容主要是关于旅行、美食、热点等方面。

总之,这个具有创意的二维码营销广告吸引了近万名用户关注了该杂志,该宣传方案成本小、收获大。

再看一个例子,2013年8月,一副巨型"花瓣"二维码出现在合肥市经开区宿松路某售楼部的门前,此巨型"花瓣"二维码长近10米、宽近6米,由红、橙、黄、蓝不同颜色的花朵形成,预估有近2万朵。和一般的黑白二维码不一样,这幅二维码更加鲜艳夺目。通过微信扫一扫功能,显示出的信息是绿地集团某楼盘的官方微信公众账号。

这幅二维码的制作周期长达一个星期,20多个工作人员用2万余朵玫瑰花瓣制作完成。

据统计,该二维码被推出后,在短短五天时间内,人们通过各种途径扫描达2000多次。通过二维码后台,绿地集团某楼盘微信运营人员拿到了第一手数据，包括二维码访问的日期、次数、地点、来源终端等详细记录，通过这些数据，他们可以直观分析出人们对这个楼盘的关注情况。

大家发现没有，很多企业会在二维码上做文章，我的一些弟子通过到处张贴二维码来加粉，今后可以借鉴以上这些有创意的方法来推广营销。

现如今，在内地的商场里、电梯内、道路旁，甚至餐厅的餐桌上都贴有二维码，二维码为商家提供了新的营销渠道，对提升企业效益有很大好处，还把商家和消费者的距离拉近了。随着移动互联网的蓬勃发展，二维码作为企业的营销入口已经十分普遍，在各行各业都得到了广泛的运用。"扫码体验游戏"、"扫码支付"等，扫一扫成为一种大众习惯。

在内地人看来，二维码至少有以下几个优点：

第一，二维码可容纳的信息量很大，据有关数据显示，一个二维码可容纳多达1850个大写字母或2710个数字，500多个汉字。而且，二维码可以容纳许多类型的信息，比如图片、网站地址等。总而言之，二维码的信息容纳量比以往各种广告都要多。

第二，二维码是非强制性广告，不会干扰人的正常生活。二维码不会像视频广告那样发出尖锐的声音，也不会像普通图片广告那样具有视觉刺激性。你只有在扫了二维码之后，才会获得广告信息。

第三，二维码广告的效果可以得到监测。人们在扫描二维码的时候，企业就可以得到相应数据，根据数据分析，企业可以知道用户感兴趣的广告类型等。

最近还有一家北京企业发现了二维码营销的市场潜力，做出了自己的事业。众所周知，快消品企业一直很难和消费者建立直接联系。消费者在超市、商场购买快消品，快消品企业只能通过代理商或经销商才能和消费者联系上，所以快消品企业一直想要打破这样的局面。

北京爱创科技股份有限公司有一款产品叫二维码促销平台欢乐扫。这一款产品的特点是它为每一件快消商品都赋予了身份——二维码，具体就是一物一码。一般快消品企业可能会在产品包装上印上企业微信公众号二维码，但这样做的效果并不好，很多消费者缺乏扫码的意愿。

北京爱创科技有限公司的这款产品是把企业品牌内容和优惠信息（例如红包、卡券、积分等）纳入二维码中，当消费者购买该产品后，就会产生意愿去扫码。因为区别于千篇一律的企业微信公共号推广，该二维码更加独特，推广营销的痕迹不明显，能够引起消费者的好奇心，而且通过"扫码赢红包"、"扫码赢积分"、"扫码赢卡券"等活动，消费者也可以获得实实在在的实惠，继而对品牌产生信任感。

快消品企业通过这一方式直接和消费者发生关联，一下子拥有了大量的粉丝，并树立了良好的企业品牌形象。

举个例子，山东某一啤酒企业和北京爱创科技有限公司合作后，成效明显。自相关活动上线半年后，该企业的微信公共号大幅涨粉，粉丝达到54万人左右。据数据显示，该企业的二维码的总扫码次数约1500万次，人均扫码约30次。在巨大的流量的支持下，这家企业形成了强大的品牌影响力，使得消费者进行二次消费或多次消费。

漂流瓶营销

微信中有一个漂流瓶功能，很多微信用户都喜欢玩。用这个漂流瓶可以交友，也可以进行营销活动。微信用户可以通过漂流瓶发布语音和文字，其他微信用户收到漂流瓶后，就可以与之产生互动。我一般会把自己的漂流瓶头像设置为个人照片或者公司标识，这样更容易取得他人的信任。

内地有一些大企业用漂流瓶进行营销活动，方式、方法都很新颖，也取得了不错的效果，值得介绍给大家，供大家学习借鉴。

在 2012 年 4 月的时候，招商银行发起了"爱心漂流瓶"的活动，作为中国第一家由企业创办的商业银行，招商银行更加与时俱进，当微信发展迅猛的时候，招商银行就从中发现了营销的可能。

2012年4月2日，这一天是世界自闭症日。招商银行与壹基金和腾讯微信官方展开了合作，合作的目标是通过"爱心漂流瓶"活动号召全社会一起关注那些患有自闭症的孩子。这个方法就非常好。

招商银行的活动内容是：在活动期间，微信用户在使用漂流瓶功能的时候，会看到"招商银行点亮蓝灯"的标志，微信用户只要点击就能够为那些自闭症儿童贡献自己的绵薄之力，招商银行会通过"小积分，微慈善"平台捐出1个积分。每500积分就可以为自闭症儿童获得一个课时的专业辅导训练，内容包含语言训练、音乐训练、游戏训练等。

这项公益性活动吸引了很多人的参与，招商银行抓住了人们富有爱心这一人性特点，极大地宣传了企业品牌和增强了企业影响力。根据相关统计，在活动期间，每捡10个漂流瓶便有1个是招商银行的"爱心漂流瓶"。在短短一天时间内，招商银行筹集到11444371个积分，可为自闭症孩子提供22889个课时的专业辅导训练。

为了做好这次营销，招商银行在时间、内容设置上都下了很多功夫，力求微信用户在做慈善的同时享受更好的用户体验，以提高微信用户的参与积极性，最后该活动的营销效果也都达到了。

2012年年底到2013年年初，奇瑞汽车发起了为期三个月的感恩活动，其口号是"感恩四百万，新春聚划算"。作为一个从事汽车生产的国有股份制企业，奇瑞有过连续多年蝉联中国自主品牌销售冠军的辉煌历史。

为了庆祝奇瑞汽车全球销量突破四百万辆，参加这次活动的奇瑞车型涵盖瑞虎、风云 2 等，同时奇瑞推出全系首付 20%，低首付、低利率的金融购车计划，为广大消费者提供全方位购车支持。在开展微信漂流瓶活动之前，奇瑞就已经在其官方微信公共号中做过很多活动，早就送出过苹果手机、手机充值卡等多种奖品礼物，所以培养了一定的粉丝信任度。

自 2012 年 12 月 6 日起，奇瑞通过微信漂流瓶功能向外投递了 3 万多个漂流瓶，如果你从中捞到了奇瑞的"感恩四百万，新春聚划算"的漂流瓶，就有机会获得 30 元的手机充值卡。

自 2013 年 1 月 14 日起，奇瑞又开展了"奇瑞 MM 送好礼，组队赢 iPhone5"活动，吸引了很多微信用户和媒体的关注。

奇瑞的活动规定：活动期间，如果有三个网友收到漂流瓶的关键字刚好能组成"奇瑞，感恩四百万，新春聚划算"的宣传语的话，就有可能每人获得一部 iPhone5 手机。这三个幸运的网友需要通过网络或微信方式互相联系上，然后成功拼凑关键字，并向官微发送聊天截图，每人才可以获得一部 iPhone5 手机。也就是说，这三个网友需要通过两个步骤才能获得奖品。漂流瓶中有奇瑞促销口号的占 1/3，所以网友们获得奖品的机会还是很大的。

这次活动中，有很多人在社区发帖说自己很幸运拿到 30 元的手机卡，也有一些人建议坚持不停地捞漂流瓶。显然，奇瑞的这次活动产生了很大的影响力。

如果说奇瑞汽车的活动奖品只是 30 元的手机卡，那么这次活动的吸引力可能就没有这么大了。在一些社区中，有人发出这样的言论：30元的手机卡对我并没有多大的吸引力，但iPhone5对我来说有很大的吸引力。所以，从这个例子中，我们可以知道进行营销活动时的奖品应该满足不同人群的需要。

在进行漂流瓶营销的活动中，招商银行将慈善和营销结合在一起，吸引了人们的关注，激发了人们的爱心，这种方法值得大家借鉴。而奇瑞汽车则是将奖品和营销结合在一起，激发了人们拿奖的兴趣，这是一种更加普遍的微信漂流瓶营销方式。

微信漂流瓶是微信中的一个很有趣的功能，很多人会玩。一旦玩的人数多了，营销的机会就来了。微信漂流瓶好比一个广场，广场上的人多了，发传单的人、做推广的人也就都来了。所以，我们需要重视微信漂流瓶这一功能，把那些不是我们朋友圈中的人也变成我们的粉丝。

当然，利用微信漂流瓶开展营销活动，常常会出现营销人员和微信用户的互动不够及时，甚至连互动都没有。营销人员应该在最短的时间内回应微信用户，并吸引住对方，只有这样才有机会继续深入，用户才可能变成你的客户。

朋友圈营销

对于朋友圈营销,我在前面已经讲过一点儿了,那就是积"赞"数。现在很多商家都会举行朋友圈积"赞"数的活动,从而传播企业的活动信息、优惠信息等。这种方法非常流行,说明营销的效果还是被人们认可的。这种营销方式也不会招人反感,从我的经验来说,由于积"赞"数的难度较小,人们获得的优惠力度相对较大,所以很受欢迎。一旦有类似的活动,人们通常会立即发到朋友圈中。以下是我找的一些最近的案例,相信对很多做微商的朋友会有所启发。

吉野家是日本的一家企业,在中国内地发展比较久。2013年8月,吉野家的一款好玩的微信App——"凭脸吃我"——上线。一听名字就非常有创意,非常吸引人。

活动内容如下:小吉推出新一轮"凭脸吃我"优惠互动游戏啦!现在将自拍靓照发给我,就可立即得到一张你的专属优惠券,更有免费米堡等你来拿!别担心,你的靓照只会在优惠券上显示三天,but 优惠券可是 2 个月内有效呐。

这一活动在微信朋友圈引起口碑传播,吸引了大量消费者到店消费。此次吉野家"凭脸吃我"活动中的优惠券是以二维码的形式存在,可重复扫描使用,大量消费者将自己的优惠券发到朋友圈,与朋友一起分享这份优惠。

所以,"凭脸吃我"微信 App 在不到一个月的时间中,参与用户达到

吉野家公众微信号活动信息

13132人，其影响力覆盖人数超过2000万，这次微信营销活动被公认为是优秀的微信O2O营销案例，吉野家还凭借"凭脸吃我"微信App获得微信类营销金奖。

吉野家的这一活动一炮而红后，也有其他企业相继推出这样的活动。以下是南昌某韩式烤肉店的活动内容：

一、活动主题：南昌某韩式烤肉靠脸吃饭。

二、活动地点：南昌市XX韩式烤肉店。

三、活动时间：自2013年12月13日起。

四、活动内容：以照片评分的方式获取折扣，分数越高则折扣力度越大，达不到相应折扣系数时，可选择以照片被点赞次数加分，一次一分，分数相加得到相应折扣。

五、活动方式如下：

第一步：平台对已经关注本店微信公共号的用户发布活动消息：小宫推出新一轮"凭脸吃我"优惠互动游戏啦！现在将自拍靓照发给我，就可立即得到一张你的专属优惠券，更有免费美食等你来拿！别担心，你的靓照只在优惠券上显示三天，而优惠券可是3个月内有效呐！活动时间自12月13日起。

第二步：用户拍照上传，通过平台使用软件得出初始分数，并把得分图片回传用户。

第三步：用户在朋友圈内分享：我在某某烤肉店参加"靠脸吃饭活动"，

凭分数＋赞票＝享受对应折扣。

第四步：根据最后得分，给予相应折扣：在90~100分内享受5折优惠，在80~90分内享受6折优惠，在70~80分内享受7折优惠，在60~70分内享受8折优惠，在50~60分内享受9折优惠，50分以下则不能享受打折优惠。

最近，在北京的地铁里，经常能够看到新奇的广告，上面写了一些富有吸引力的文字：去伏尔加国开坦克、去监狱酒店住一晚、和NASA宇航员共进午餐、开米格29战机……

这是蚂蜂窝旅行网策划的广告，蚂蜂窝旅行网是中国领先的自由行服务平台。这家旅行网站的朋友圈营销非常富有创意。

9月7日的零点，蚂蜂窝旅行网的微信公共号即"蚂蜂窝自由行"发表了

一篇文章《再见了》，内容只有17个字："我要用一段未知的旅行检验未知的感情。"

仅仅三个小时，这篇文章就刷爆了朋友圈。在这三个小时内，有27名消费者购买了这款用于情感测试的"未知旅行"的产品。这是一款双人自由行产品，价格1314元，限购27份，出发时间未知、旅行地点未知、旅行体验未知，但要求必须填写"你坚信在任何时间都能放下任何事与你前往任何地点的Ta"是谁。

实际上，从这次活动发布的旅游产品数量来看，蚂蜂窝旅行网重在推广，而不是卖产品。

蚂蜂窝旅行网抓住了当代人的爱情心理，引起了人们强烈的好奇心，完成了一次非常漂亮的朋友圈营销活动，极大程度地扩大了品牌知名度。

事实上，当下人们对个性化产品的需求越来越旺盛，而且人们又都酷爱旅游，除此之外，现如今人们的感情生活都处在不够稳定的状态。蚂蜂窝旅网行就抓住了这三点，成功完成了一次精彩的朋友圈营销。

有一个叫小薇的微商，她是经营珠宝首饰的，朋友圈是她目前最主要的营销平台。她每天展示的货品并不多，控制在三四个。之前有很多人因为她发了过多的广告就把她拉黑了，但她发现朋友圈里还是留下了一些认可她的产品的人。

她说那些把她拉黑的人都不喜欢广告，但能留在她朋友圈里的都是稳定的客户。所以，她不像很多微商那样撒网捞鱼，能捞一条是一条，而是专注在自己的鱼塘养鱼。她更喜欢培养固定客源，维护自己的客户圈子。这个例子是非常值得我们借鉴的，微商都需要思考如何让朋友圈回归本质，而不是充满营销的痕迹。

  这些例子告诉我们，朋友圈营销需要更加富有创意，而不是一直采用非常直接粗暴的营销方式，只有有创意的点子才能引起人们的广泛关注，才能达到营销的目的。

微信公共平台

不知道大家有没有吃过绝味鸭脖,没有吃过的人一定要尝试一下,非常好吃。这家公司发展非常快,绝味鸭脖是内地这十年来崛起的新兴品牌,接下来我介绍的是绝味鸭脖的微信公共平台的营销。

微信有语音功能,用微信对讲已经成为人们的生活习惯。绝味鸭脖有时候会用"拟人化"的语音与粉丝互动,增强与粉丝互动的趣味性。

绝味鸭脖做了一系列的内容推送,包括"拟人化"的语音客服,"接地气"、"带喜感"的活动等。除此之外,其品牌形象"绝小鸭"也非常可爱。我总结了一些绝味鸭脖的具体案例,供大家参考。

绝味鸭脖的推送文章不多,但接地气。现在是一个信息爆炸的时代,人们更喜欢精读。

绝味鸭脖公众微信号活动信息

有一家做特卖的网站叫唯品会。对于很多潮人来说，一定十分清楚这家网站。

唯品会官方微信公众号每天都会给用户推送几款折扣名品，而且粉丝可以直接实现在线购买和支付，非常便捷，所以唯品会用户的体验比较好。

绝味鸭脖也是这样做的。但是，绝味鸭脖比唯品会做得更多。绝味鸭脖擅长向粉丝们推送接地气的内容。那什么是接地气的内容呢？是非常简单的三个字,那就是"抢热点",针对人们关注的问题、话题写文章。比如,现在就业情况不太乐观,针对这一社会热点话题,在绝味鸭脖的微信公共平台上就推出了一则关于性格与职业的心理测试内容。据了解,此则内容的回复率达到 74.6%,粉丝由此增长 37.5%。

绝味鸭脖公众微信号活动信息

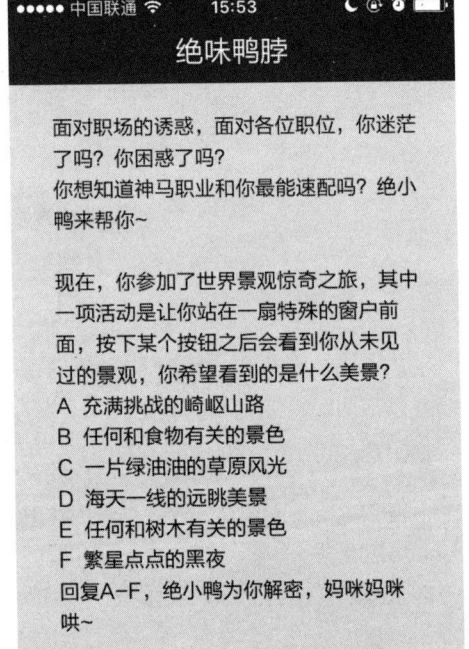

绝味鸭脖还会经常推出一些有难度的答题游戏吸引粉丝。单纯的内容推广已经不能满足人们的需求了，人们喜欢更有趣的东西，所以我们常常看到微信朋友圈中会有各种各样的测试题，这种形式非常受人欢迎。结合热点，绝味鸭脖会推出一些问题，通过在问题中植入品牌和产品信息，以

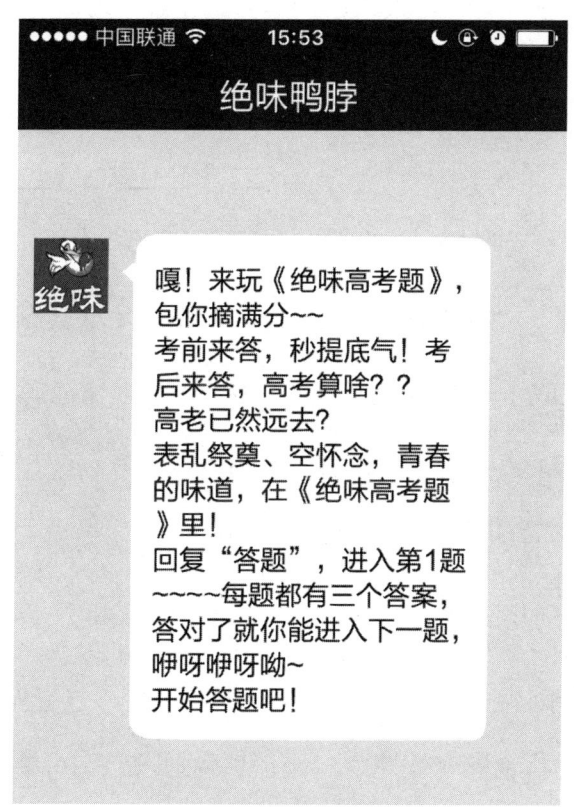

绝味鸭脖活动信息内容

达到推广营销的目的。2013年的时候,绝味鸭脖抓住高考这一热点,发起了一项"绝味高考题"的答题活动,活动的回复率高达86.3%,粉丝增长46%。

在微信公共平台上进行游戏活动是非常普遍的。我再举个例子,联想集团在其微信公共平台上有一次推出了一个文字互动小游戏,只要用户向其回复"福尔摩斯"这四个字就能开始拯救华生、打击犯罪分子的活动。用一问一答的形式,粉丝发出不同内容的文字就会获得不同的回应,并导向不同的结果。粉丝可以在这个小游戏中获得乐趣,而联想集团的产品也都被嵌入其中。如此一来,联想集团利用微信公共平台增强了用户黏性,并且推广了自己的产品。

2014年6月12日,绝味鸭脖在微信上进行了刮刮乐活动,号称是"史上最给力的扫码活动",100%中奖。结合当时的巴西足球世界杯比赛这一热点,绝味鸭脖又完成了一次精彩的营销。参与方法非常简单,没有门槛,当然你需要关注绝味鸭脖的官方微信,参与过程十分高效,整个过程不超过一分钟。

粉丝参与手机刮奖活动,即可免费获得不同面值的代金券,可用来购买绝味鸭脖针对巴西足球世界杯推出的"球迷套餐"。活动期间天天可以刮奖,100%中奖,代金券有效期为三天,且全国门店均可兑奖。这种线上和线下的结合,成功地激起了人们的参与热情。

上线当天,绝味鸭脖微信公众平台就收到近2000条咨询信息,而截至

7月14日世界杯结束，已有66万人参与线上刮奖，超过11万人在绝味鸭脖全国门店兑奖。

绝味鸭脖在微信公共平台上利用各种方式与粉丝互动，令粉丝们感到充满趣味。很多微商和粉丝们的互动十分生硬，导致营销效果很差。微商们应该多思考，用有创意的点子吸引粉丝，让粉丝得到有趣的体验，只有这样才能提高营销效果。

当然，人们除了追求趣味性以外，还十分关注实用的东西。在人们的手机中，除了很多社交App以外，还有像支付宝、火车订票等实用性的App。微商们也可以在这方面动动脑筋。

前面我们提到，唯品会的微信粉丝可以在唯品会的官方微信公共平台上直接在线购买和支付，这便是很多微商在其微信公共平台上应该设置的功能。

中国南方航空股份有限公司的微信公共平台有一项功能，叫作同行人值机，旅客可以通过这个功能实现自助登机。而且，旅客在南航的微信公众平台上一次最多可办理6个同行人的登机牌，这在很大程度上减少了旅客的重复操作，方便出行。

具体内容如下：旅客需关注和登录南航官方微信，在主菜单选择"办登机牌"，输入证件号或票号，这样就可以自选座位了。

南航微信公共平台的这项功能自2013年1月30日开通以来，不断完善运营，一年时间内为旅客提供了三大类共十五项服务，包括：微信办理登机牌、会员服务、语音识别、购票微支付、订阅优惠票价、航班动态查询、客舱遗留物品查询以及木棉童飞等功能。仅仅一年多时间，南航微信粉丝就接近200万，可以说受到旅客的一致好评。如今，已经有很多航空公司开始在自己的微信公共平台上设置这一便民功能。

很多微商也会经常为粉丝提供天气预报等服务，或者提醒自己的粉丝哪条路比较堵。这些服务和南方航空的服务本质上是一样的，都是实用性的服务。所以，微商们需要想方设法为粉丝提供更好的实用性服务，这样才能真正持久地黏住粉丝。

微信会员卡

前不久，我用微信卡包里的优惠券买了一些东西，真的很方便。现如今，微信卡包被认为是最直接地拉动消费的利器。微信卡包具有电子卡票券的收纳能力，是一种实现社交、消息推送、累积用户的流动O2O平台。对于我们这些消费者来说，可以将原来不便携带的纸质券电子化，随身携带，并储存在微信客户端，实在是非常方便。

2015年8月，屈臣氏和微信合作推出国内最完善的微信手机版会员卡。人们只需关注屈臣氏的公众号，成为粉丝，就可以领取微信手机版会员卡，并将已有会员卡与微信号绑定，凭借生成的会员卡二维码，便可轻松领取或使用积分。

作为中国目前最大的保健及美容产品零售连锁店，屈臣氏此举有助于提升使用者对屈臣氏会员卡服务的认可度和使用率。

屈臣氏会员能在微信平台上查询会员卡信息，对个人优惠一目了然，并可随时随地领取优惠，购物后参与抽奖领奖。

会员可直接通过微信或登录微信手机版会员网站查询个人特选优惠，具体优惠更可一键添加至个人卡包，并享受三天前优惠到期提醒；获取或使用积分时不需携带实体卡，轻轻点击微信手机版会员卡上的二维码，就能自动放大以验证身份；每次消费后，会推送积分变动情况，信息透明直接；点击消费信息还有机会参与100%中奖的抽奖活动，奖品包含积分、现金券、立减券及人气实物礼品等。

总的来说，屈臣氏的微信手机版会员卡十分贴合现代人的生活习惯和社交习惯，方便快捷。就像屈臣氏的广告词写的那样：真的很方便，只需要一部手机，就能搞定所有屈臣氏的会员服务！

广州某大型餐饮集团运用微信会员卡实现了互联网转型，这个例子非常好。该集团是在全国拥有43家门店的大型餐饮集团，全部员工将近6000人。

2013年年初，该集团是处于亏损状态的，很多门店都关闭或转让了。该

集团面临的前所未有的困境，转型势在必行。

2013年5月，该集团开始使用微信会员卡，客人一到门店，一坐下来，就会看到一个二维码，扫一扫就可以成为会员，十分便捷。

门店的菜单上有两种价位，一种是会员价，一种是非会员价。用这种方式，该集团吸引了一大批消费者扫码成为会员。在短短几个月内，持有该集团的微信会员卡的普通会员达到10.5万人，这 10.5万会员中有3.2万人是储值会员。

通过微信会员卡，商家可以向用户推送图片、音乐、视频等。微信会员卡还可以连接消费者和企业客服平台，简化了消费者的投诉过程。

消费者消费完成后的账单会通过微信推送到消费者的手机中，消费者存有多少积分、余额都一清二楚，所以消费者愿意把钱充值到会员中心。

该集团还利用数据挖掘，将会员细分为各个层次，分析每个人的活跃度，区别常客、散客和过客。针对不同的人群，制订不同的销售方案或销售活动，以增强消费者的消费黏性。除此之外，利用微信会员卡还省去了大笔用于推广营销的短信费用。

微信会员卡营销为该集团打了一个翻身仗。餐饮企业的旺季基本上是每年的11月、12月、1月。但通过微信会员卡营销后，该集团在7月、8月、9月的交易笔数、消费金额、充值金额史无前例地超过了11月、12月、1月。

不仅如此，通过对这10.5万会员用户的管理，该集团还能够销售掉那些平时卖不掉或难卖的产品。

比如，该集团库存积压了差不多1000多斤的槐树花，急需销售出去。于是，这些槐树花被研发成三道基于槐树花的菜：第一个是槐树花包子；第二个是槐树花铁棍山药；第三个是槐树花炖老豆腐。研发成功后，将这些菜的效果图和介绍推送给10.5万名会员。在短短四天内，就有分店投诉配送中心，说现在槐树花这么好卖，那么多客人买，配送中心竟然没有货。所以，在四天时间内，该集团将积压的1000斤槐树花销售一空。

这又是怎么一回事呢？原来是很多会员以前不太懂槐树花，通过微信会员卡里的介绍了解了槐树花的功效，而且南方人爱用槐树花做菜，导致很多北方人想尝试一下，图个新鲜。

从这两个例子中，我们看到利用微信会员卡营销的爆发力。总而言之，微商要灵活运用微信上的所用功能，进行营销活动。

后 记

感谢每一位看完本书的读者们，希望你们看完这本书后能够受益。记住，如果你因为本书而获得成功，一定要跟我分享，我会发一个大红包给你。

本书能够完成，我要感谢财商集团营销总监朱国文先生，是他使我意识到出书的急迫性。同时我也要感谢我的出书助手唐跃，还有帮我写推荐序的张维乐会长、麦兴业律师，当然还有参与众筹本书的所有人。在这本书没有出版之前，我已经收到了超过两万元的众筹资金，预计本书最少能够众筹十万元以上。

其实，我还有很多要感谢的人，包括莫庸先生，还有我的家人和朋友们，我在此一并谢过。本书只有一个目的，就是通过微信营销帮助每位读者实现财富自由！若有缘，我们下一本书再见！

梁辉财

2016年11月2日

图书在版编目（CIP）数据

微信创富 / 梁辉财著. -- 北京：华夏出版社，2017.4
ISBN 978-7-5080-9142-6

Ⅰ.①微… Ⅱ.①梁… Ⅲ.①网络营销 Ⅳ.①F713.365.2

中国版本图书馆CIP数据核字(2017)第036382号

版权所有，翻印必究。

微信创富

作　　者	梁辉财
责任编辑	许　婷　王占刚

出版发行	华夏出版社
经　　销	新华书店
印　　刷	三河市少明印务有限公司
装　　订	三河市少明印务有限公司
版　　次	2017年4月北京第1版　2017年4月北京第1次印刷
开　　本	720×1030　1/16开
印　　张	11.5
字　　数	120千字
定　　价	36.00元

华夏出版社　网址：www.hxph.com.cn 地址：北京市东直门外香河园北里4号 邮编：100028
若发现本版图书有印装质量问题，请与我社营销中心联系调换。电话：（010）64663331（转）

迅鹰,专注于企业出版与文创

迅鹰是谁

向鹰学习高效、精准、务实的精神。八年来,迅鹰出版了一批企业案例和企业家经营思想的图书,成功构建了新的商业案例、经营模式、行业研究的经管图书出版体系与文创传播体系。

个性化策划

迅鹰从企业文创层面入手,挖掘每一个企业独到的成功、成长之道,针对不同行业、领域、现状的企业策划个性化企业出版与文创服务。迅鹰认为,一本书,不仅是一座陈列馆,还是一段创业的感悟。出书,更是一个深度醒觉与重新上路的过程。

迅鹰团队

十四年文创、媒体、出版行业实操经验,八年连续创业者。

全流程

迅鹰提供全流程的企业出版服务,您只需告诉我你想要达成什么?其他的一切,交给我们。

媒体推广

不少于1000家媒体全面覆盖。

要出书,扫一扫!